फल एवं सब्जी परिरक्षण दिग्दर्शिका

फल एवं सब्जी परिरक्षण दिग्दर्शिका

डॉ0 अरूणिमा कुमारी
Associate-Professor
Extension-Education
College of Home Science
R.A.U., PUSA (Samastipur), Bihar

2011

New India Publishing Agency
Pitam Pura, New Delhi- 110 088

Published by
Sumit Pal Jain *for*
New India Publishing Agency
101, Vikas Surya Plaza, CU Block, L.S.C. Mkt.,
Pitam Pura, New Delhi- 110 088, (India)
Phone: 011-27341717, Fax: 011-27341616
Mobile : 09717133558
E-mail: newindiapublishingagency@gmail.com
Web: www.bookfactoryindia.com

ISBN : 978-93-80235-56-1

Typeset and Printed at :
Harminder *for* Laxmi Art Creation # 9811482328

Indian Council of Agricultural Research
Office of the Secretary, DARE & Director General, ICAR
Krishi Bhavan, New Delhi - 110 001

प्राक्कथन

राष्ट्र के समग्र विकास में नारियों की भूमिका अहम् होती है। उनके पास असीम शक्ति होती है, जिसे जागृत कर परिवार एवं राष्ट्रहित के उपयोग में लाने की आवश्यकता है। कोई भी राष्ट्र तभी विकास कर सकता है, जब वहॉ की महिलायें भी आर्थिक रूप से सबल हों। आर्थिक रूप से सबल होने के लिए महिलाओं को या तो ऊँचे पदों पर जाना होगा या फिर स्वरोजगार अपनाना होगा।

यह पुस्तक **फल एवं सब्जी परिरक्षण दिग्दर्शिका** इन्हीं मुद्दों को ध्यान में रखकर लिखी गयी है। फल एवं सब्जी परिरक्षण के माध्यम से महिलाऍ स्वरोजगार स्थापित कर अपनी आर्थिक स्थिति मजबूत कर सकती है। दूसरा हमारे देश में परिरक्षण के अभाव में बर्बाद होने वाले कई टन फलों एवं सब्जियों की क्षति को रोका जा सकता है।

डॉ0 अरुणिमा कुमारी द्वारा लिखित यह पुस्तिका इसी दिशा में किया गया एक प्रयास है। इन्होंनें नारी शिक्षा एवं नारी उत्थान के हर पहलूओं को सच्ची लगन एवं पूरी कर्त्तव्यनिष्ठा के साथ उद्भासित किया है, आलोड़ित किया है। महिलाओं को एक नई चेतना दी है। इन्होंनें विकास को एक नई दिशा दी है। मैं इनके प्रयास की भूरी–भूरी प्रंशसा करता हूँ एवं साथ ही आशा करता हूँ कि भविष्य में भी ये इसी अबाध गति से समाज एवं नारी–विकास के पथ पर सदा अग्रसर होती रहेंगीं। समग्र शुभकामनाओं के साथ।

डॉ0 मंगला राय, सचिव
कृषि अनुसंधान एवं शिक्षा
भारत सरकार एवं महानिदेशक
भारतीय कृषि अनुसंधान परिषद, नई दिल्ली

आमुख

भारत की शस्य श्यामला धरती विभिन्न किस्मों के फलों एवं सब्जियों के उत्पादन हेतू एकदम अनुकूल है। इतनी तरह की सब्जियाँ एवं फल हमें ईश्वर की अमुल्यतम भेंट स्वरुप मिलें है। दुनियां के किसी भू–भाग पर इतने तरह के स्वादिष्ट फल और इतनी तरह की सब्जियाँ उपलब्ध नहीं हैं परन्तु खेद की बात है कि इनके उचित संरक्षण के बिना इन उत्पादित फलों एवं सब्जियों का 96 प्रतिशत भाग बर्बाद हो जाता है। फलों का उचित उपयोग नहीं हो पाता है, विश्व बाजार के स्तर पर हमारा उत्पाद खरा नहीं उतरता है या फिर परिरक्षित नहीं हो पाता है। शाकाहार, मनुष्य में सात्विक प्रवृति को संपोषित करता है, इस बात की चर्चा गीता में भी इस प्रकार की गयी है।

आयु सत्व बलारोग्यः सुख प्रीति विर्वधना !
रस्याः स्निग्धाः स्थिरा हदया आहाराः सात्विकप्रियाः।
(गीता, 17–18)

आयु, बुद्धि, बल, आरोग्य, सुख, प्रीति यानि कि प्रेम को बढ़ाने वाले, रसयुक्त, चिकने, शांत, स्थिर मन को रूचिकर लगने वाले आहार सात्विक व्यक्तियों को प्रिय होते हैं। इस हेतु भी फलों एवं सब्जियों का संरक्षण आवश्यक है। वैसे भी फलों एवं सब्जियों में उपस्थित प्रोटीन एवं विटामिन मस्तिष्क को तेज बनाते हैं एवं मन को शांत रखतें है। फलों एवं सब्जियों का संरक्षण करने से उसे नष्ट करनेवाले किटाणुओं का नाश होता है। जिससे वे मनुष्योपयोगी बने रहते है।

ओति में द्यावा पृथ्वीः ओता देवी सरस्वती,
औती में इन्द्रश्रग्नि, क्रिमिं जम्ययतामिति ।।
अथर्ववेद, 5.23.।

द्युलोक, पृथ्वीलोक, देवी सरस्वती, इन्द्रदेव तथा अग्निदेव परस्पर एक साथ होकर हमारे लिए किटाणुओं एवं समस्त कीटों का विनाश करें। फल एवं सब्जी परिरक्षण दिग्दर्शिका का यह प्रथम संस्करण ग्रामीण महिलाओं, उत्पादकों, प्रसार–कार्यकर्त्ताओं तथा फल परिरक्षकों को ध्यान में रखकर सरल, सुगम एवं बोधगम्य भाषा में लिखी गयी है। इस पुस्तिका में नींबू के मिश्रित अचार से लेकर आम के स्कैवश तक बनाने की विधियों का वर्णन सहज ढंग से किया गया है। कृषि ग्लॉबलाइजेशन के युग में फल उत्पादों को बाजारोन्मुख बनाने का यह प्रथम प्रयास है। इससे स्वरोजगार स्थापित करने में भी पाठकों को सहायता मिलेगी। वृहत पैमाने पर, लघु पैमाने पर या कुटीर उद्योग के रूप से फल सब्जी संरक्षण का कार्य स्वरोजगार के रूप में अपनाया जा सकता है। मुझे आशा ही नहीं अपितु पूर्ण विश्वास है कि ग्रामीण बहनें एवं माताएं इससे विशेष लाभान्वित होंगी।

डा0 अरूणिमा कुमारी

विषय-क्रमणिका

अध्याय–1

फल एवं सब्जी परिरक्षण

विश्व में भारत का फल उत्पादन में दूसरा एवं सब्जी उत्पादन में तीसरा स्थान है। सन् 2001 के आँकड़ों के अनुसार भारत में फल उत्पादन 3.73 मिलियन हेक्टेयर से ज़्यादा भूमि पर किया जाता है जिसका कुल उत्पादन करीब 46.04 मिलियन टन होता है। लेकिन अत्यन्त ही खेद की बात है कि इस कुल उत्पादन का मात्र 4 प्रतिशत भाग ही उपयोग में लाया जाता है या संरक्षित हो पाता है शेष 96 प्रतिशत भाग बर्बाद हो जाता है। फल एंव सब्जी परिरक्षण इन्हें जीवाणुओं से सुरक्षित रखने का वह तरीका है जिसके कारण ये उपभोक्ता के लिए वर्ष भर अच्छी अवस्था में उपलब्ध रह सकें। फल परिरक्षण फल तथा सब्जियों के संरक्षण एवं संसाधन का व्यावहारिक ज्ञान है। इसे फल प्रौद्योगिकी भी कहा जा सकता है जो कि खाद्य प्रौद्योगिकी की वह शाखा है जिसके द्वारा फल तथा सब्जियों का संरक्षण तथा संसाधन किया जाता है।

दूसरे शब्दों में "फल परिरक्षण संसाधन की वह विधि है जिसके द्वारा फल तथा सब्जियों को सूक्ष्म जीवाणुओं, एन्जाइम तथा स्वतः ऑक्सीकरण द्वारा खराब होने से बचाया जाता है।"

"फल तथा सब्जियों को उपयोग की लम्बी अवधि तक बनाये रखने के लिए जिन विधियों का उपयोग किया जाता है उन्हें फल संरक्षण की विधियाँ कहते हैं।"

भोजन परिरक्षण के उद्देश्य एवं लाभ

1. परिरक्षित होने के बाद भोज्य पदार्थ लम्बी अवधि तक सुरक्षित रहतें है जिससे वे हर मौसम में उपलब्ध हो सकतें हैं।
2. परिरक्षित होने के बाद भोज्य पदार्थों का रंग आकर्षक हो जाता है, स्वाद बढ़ जाता है एवं मूल्य भी उँचा मिलता है।
3. पाउच, डिब्बा या बोतलों में बंद भोज्य पदार्थ एक जगह से दूसरे जगह ले जाने में सुविधा होती हे।
4. भोजन में विभिन्नता बढ़ जाती है।
5. परिरक्षित सामान इस्तेमाल करने से भोजन पकाने में कम ईंधन, समय एवं उर्जा खर्च होती है।
6. भोज्य पदार्थों को सड़ने या फेंकने से बचाया जा सकता है।
7. परिरक्षित होने से फल एवं सब्जियाँ अधिक लोंगों के काम में लायी जा सकती है।

फल एवं सब्जी परिरक्षण के सिद्धान्त

मुख्यतः फल एवं सब्जी या अन्य किसी भी भोज्य पदार्थ का परिरक्षण निम्नलिखित प्रक्रियाओं द्वारा किया जा सकता है:–

1. सूक्ष्मजीवों (Micro-Organism) का नाश करके।
2. फल तथा सब्जियों में सूक्ष्मजीवों की गतिविधियों को समाप्त करकें।

3. फल एवं सब्जियों को सूक्ष्मजीवों से अलग करके।

4. फलों को नष्ट करने वाले रसायन के प्रभाव को दूसरे रासायनिक पदार्थ के उपयोग से कम करके।

5. भोज्य पदार्थो के विनाशकारी घटकों के प्रभाव को कम करके।

6. जो रासायनिक क्रियाएँ फलों एवं सब्जियों को नष्ट करती है उन्हें रोककर।

उपयुक्त क्रियाओं को सम्पादित करने के लिए जिन सिद्धान्तों को अपनाया जाता है वे इस प्रकार हैः–

1. **अरोगाणुता का सिद्धान्त** (Principal of Asepsis): सिरम, वैकसीन्स एवं एंटीटॉक्सीन बनाने के लिए मुख्यतया इस सिद्धान्त को उपयोग में लाया जाता है। फल के रस को जीवाणुरहित इसी सिंद्धान्त द्वारा बनाया जाता है। इसमें सबसे अहम् बात यह होती है कि जो फल या सब्जी रोगाणुयुक्त है उन्हें स्वस्थ फलों से अलग कर दिया जाना चाहिए, दूसरा जिन श्रोतों से ये जीवाणु आक्रमण करते हैं उनकी सफाई पर सर्तकता बरती जानी चाहिए जैसे फल परिरक्षण संयंत्र की सफाई। अन्य स्त्रोंतों जेसे वायु, भूमि, जल से भी जीवाणु आ सकते है उनसे संभवतया स्वस्थ फलों एवं सब्जियों को अलग ही रखना चाहिए। जो फल या सब्जी भूमि के संपर्क में रहते हें उनके नष्ट होने की संभावना ज्यादा रहती है। औद्योगिक स्तर पर दूध का संरक्षण इस विधि द्वारा किया जाता है।

2. **निम्न ताप के उपयोग का सिद्धान्त** : सब्जियों एवं अन्य भोज्य पदार्थो में गर्मी के कारण कुछ प्रतिक्रियाएँ होती हैं जो भोजन को शीघ्र ही नष्ट कर देती है अतः उन्हे 10°C-0°C तक

के तापक्रम पर संरक्षित किया जाता है जिससे उनके अन्दर सूक्ष्मजीवों की वृद्धि, एन्जाइम की वृद्धि, अवरुद्ध हो जाती है और वे अधिक समय तक सुरक्षित बने रहतें है। शीत–संग्रहण एवं हीमीकरण में इसी सिद्धान्त का उपयोग किया जाता है।

3. **उच्च ताप के उपयोग का सिद्धान्त** : कभी–कभी आवश्यकता से अधिक तापक्रम भी हानिकारक जीवाणुओं के लिए खतरे का कारण बन जाता है उतने ऊँचे तापक्रम पर वो जीवित नहीं रह पाते हैं। कैंनिंग, बॉटलिंग, ब्लॉन्चिग, पास्तुरीकरण, निर्जीवीकरण (Sterilization) एवं संसाधन (Processing) में इसी सिद्धान्त का उपयोग किया जाता है।

4. **वायु के निष्कासन का सिद्धान्त** (Principal of Removal of Air) : कुछ विशेष प्रकार के जीवाणु वायु में ही जीवित रहते हैं। वायु के अभाव में वे निष्क्रिय हो जाते हैं अतः डिब्बों में बंद करने से पहले अच्छी तरह वायु का निष्कासन भी भोज्य पदार्थों को सुरक्षित रखने में मदद करता है। निर्वात पैकिंग (Vaccum Packing) इसी सिद्धान्त पर किया जाता है।

5. **नमी के निष्कासन का सिद्धान्त** (Principal of Removal of Moisture) : फल एवं सब्जियों में से जल को निष्कासित कर देने से उनमें सूक्ष्मजीवों, एन्जाइम एवं रासायनिक अभिक्रियाओं की क्रियाशीलता रुक जाती है। फल तथा सब्जियों में 80 से 90 प्रतिशत तक जल होता है। फल के रस को गाढ़ा करके तथा मुरब्बा बनाकर रखने तथा हरी सब्जियों को सुखाकर रखने में इसी सिद्धान्त का उपयोग किया जाता है।

6. **मृद् पूर्तिरोधी पदार्थों के उपयोग का सिद्धान्त** (Principal of use of Mild Antiseptics): कुछ फलों, सब्जियों एवं खाद्य

पदार्थों में मृदु प्रतिरोधी (Mild Antiseptics) : पदार्थ जैसे नमक, सिरका, मसाले शक्कर एवं रासायनिक परिरक्षक (Chemical Preservations) डालकर उन्हें अधिक दिनों तक टिकाऊ बनाया जाता है। इन पदार्थों के मिलाने से भी अवांछित जीवाणुओं की गतिविधियाँ निष्क्रिय हो जाती है। पोटैशियम मेटा–बाईसल्फाइट एवं सोडियम बेन्जोएट दो प्रचलित रासायनिक परिरक्षक हैं जिनका उपयोग सॉस, कैचॅप या अन्य पेय पदार्थों के परिरक्षण के लिए किया जाता है।

7 **किण्वन का सिद्धान्त** (Principal of Fermentation) : किण्वन परिरक्षण की वह विधि है या रासायनिक क्रिया है जिसमें शर्करायुक्त पदार्थों का एन्जामइ युक्त सूक्ष्म जीवों द्वारा विघटन (Decomposition) होता है। इस क्रिया द्वारा ऐसे पदार्थों जैसे एल्कोहल तथा एसिड का निर्माण होता है जो अवांछित सूक्ष्म जीवों एवं एन्जाइम की गतिविधियों को रोक देते हैं जिससे भोज्य पदार्थ नष्ट नहीं हो पाते हैं। किण्वन तीन तरह से हो सकता है:

(क) **एल्कोहलिक किण्वन**), (Alcohalic Fermentation): इसमें हेक्सोजशर्करा का अपघटन खमीर द्वारा होता है तथा ऐल्कोहल तथा कार्बन डाईऑक्साइड का निर्माण होता है।

$$C_6\ H_{12}O_6 \longleftrightarrow 2C_2H_20H+2CO_2$$

हेक्सोज $\xrightarrow{\text{खमीर}}$ **अल्कोहल**

मदिरा एवं सिरका इसी विधि से तैयार किए जाते हैं।

(ख) एसाटिक एसिड किण्वन (Acetic Acid Fermentation): इस किण्वन में अल्कोहल का विघटन (Decomposition) एसिटिक एसिड जीवाणुओं द्वारा होता है तथा एसिटिक एसिड का निर्माण होता है।

$C_6\ H_5OH+O_2 \longleftrightarrow CH_3C0_2H+H_2O$

(अल्कोहल ऑक्सीजन) ⟶ (एसिटिक एसिड, पानी)

(ग) लैक्टिक एसिड किण्वन (Lactic Acid Fermentation) : इस किण्वन में जीवाणुओं द्वारा डेक्ट्रोस जीवाणुओं का अपघटन होता है तथा लैक्टिक एसिड का निर्माण होता है।

$C_6\ H_{12}O_6 \longleftrightarrow 2C_3H_6O_3$

(डेक्ट्रोस) ⟶ (लैक्टिक एसिड)

8. **उच्च दबाव पर भाप का प्रयोग करके** : इस सिद्धान्त के उपयोग में ऑटोक्लेभ में 120°C या उससे ऊँचे ताप पर पानी एवं भाप के अन्दर जीवाणुओं को निष्क्रिय कर दिया जाता है। टोमैटो जूस को इतने ही ऊँचे ताप पर स्र्टलाइज, ठंडा एवं पैक कर लिया जाता है।

9. **किरणन का सिद्धान्त** (Principal of Irradiation) : फल तथा सब्जियों को धूप की अल्ट्रावायलेट किरणों या मशीन द्वारा विभिन्न प्रकार की विकरित ऊर्जा से उपचारित कर संरक्षित किया जाता है।

10. **गैस परिरक्षण का सिद्धान्त** (Principal of Gas Preservation): कार्बन डाइऑक्साइड गैस की उपस्थिति में सूक्ष्म–जीवाणुओं की वृद्धि रूक जाती है और वे खाद्य पदार्थों को हानि नहीं

पहुँचा पाते हैं। पेय पदार्थ जैसे कोकोकोला या अन्य पेय पदार्थ इसी सिद्धान्त पर संरक्षित किए जाते हैं।

फल एवं सब्जी परिरक्षण की विभिन्न विधियाँ (लाल एवं अन्य 1986) द्वारा इस प्रकार दी गयी है:

1. भौतिक विधियाँ

1. ताप अलग करके	**2. उच्च ताप का उपयोग**	**3. नमी निष्कासन द्वारा**	**4. किरणन द्वारा**
1. प्रशीतन	1. स्थायी पारस्तुरीकरण	1. धूप में सुखाना	1. पारा बैगंनी किरणोंद्वारा
2. हिमीकरण	2. त्वरित पारस्तुरीकरण	2. निर्जलीकरण	
3. शुष्कहिमीकरण	6. झाग–चटाई शुष्कन	3. निम्नताप वाष्पीकरण	
4. कार्बोनेशन	7. झोंका शुष्कन	4. त्वरित हिम शुष्कन	

2. रासायनिक विधियाँ

1 अम्लता का उपयोग करके चटनी, अचार केचैंप)	2. नमक का उपयोग करके (अचार, चटनी)	3. शक्कर एवं ताप का उपयोग करके (जैम, जैली, मर्मलेड मुरब्बा)	1. अनुज्ञात्मक परिरक्षक द्वारा (पोटैशियम मेटाबाई सल्फाईट
			2. जीवाणु उत्पन्न परिरक्षक (टाइलोसिन) द्वारा।

3. किण्वन

1. एल्कोहलिक (मदिरा)
2. लेक्टिक एसिड (अचार, दही)
3. एसिटिक एसिड (सिरका)

4. अरोगाणुता

1. प्राथमिक (फल, सब्जियाँ, शक्कर, इत्यादि का नमक द्वारा)

द्वितीयक (यंत्र, उपकरण प्रयोगशाला या उद्योगशाला द्वारा)

❑❑❑

अध्याय–2

विभिन्न फलों का स्कवैश तैयार करना

1. कच्चे आम का स्कैवश

सामग्रियाँ

1.	हरा कच्चा आम	– 1 किलो
2.	चीनी	– 750 ग्राम (आम के रस का डेढ गुणा चीनी, चीनी की मात्रा का आधा पानी)
3.	हरा खानेवाला रंग	– थोड़ा सा
4.	पोटेशियम मेटा बाइसल्फाइट	– 610 मि0 ग्राम/किलो के हिसाब से
5.	एसेंस	– आवश्यकतानुसार

बनाने की विधि

हरे कच्चे आमों को धो लें उनका छिलका उतारकर छोटे–छोटे टूकड़ो में काट लें। आमों को कद्दूकस पर घिस भी सकती है। अब

इसे एक साफ बर्तन में उबलने के लिए चढ़ा दें। जब आम पूरी तरह पक जाएँ तो उन्हें उतारकर छान लें। छने रस के डेढ़ गुना चीनी का सिरप एक अलग बर्तन में तैयार करें। सिरप को चलाती रहें थोड़ा गाढ़ा होने पर ठंडा करें। अब आमवाले रस को इसमें मिला दें। चुटकी भर खाने का हरा रंग एवं 610 ग्राम/लीटर स्कवैश की दर से पोटैशियम मेटाबाइसल्फाइट इस घोल में मिला दें। आपका स्कैवश तैयार है। खाली बोतल को गरम पानी से स्टर्लाइज करके सूखा लें फिर उसमें स्कैवश डालकर अच्छी तरह एयरटाइट ढ़क्कन से बंद कर दें।

2. ऑरेंज का स्कैवश

सामग्रियाँ

ऑरेंज का रस – 1 लीटर

शक्कर – डेढ़ किलो

जल – आवश्यकतानुसार

सिट्रिक एसिड – 2 ग्राम

एसेंस – 2 ग्राम

बनाने की विधि : ऑरेंज का रस निकालने के लिए कसे हुए छिलकेवाली ऑरेज को काटकर मशीन से रस निकाल लें। ढ़िले छिलकेवाली नांरगी का रस आप आसानी से स्वंय निकाल सकते है। इस रस को छानकर इसमें अलग से तैयार किए गए शक्कर का सिरप मिला दिजिए। फिर रंग, ऐसेंस, परिरक्षक एवं साइट्रिक एसिड अनुपात में मिलाकर निर्जलीकृत बोतलों में भर लें। बोतलो का मुँह अच्छी तरह सील कर दें।

3. नींबू का स्कैवश

सामग्रियाँ

नींबू का रस	–	1 लीटर
शक्कर	–	2 किलो
जल	–	1 लीटर
परिरक्षक	–	2 ग्राम
एसेंस	–	आवश्यकतानुसार

बनाने की विधि : नींबुओ को दो भागों मे काटकर दबाकर रस निकाल लें। रस को छानकर तैयार सिरप में मिला दें। उचित मात्रा में एसेंस एवं परिरक्षक मिलाकर साफ बोतलों में संग्रहित कर लें। यह नीबू के स्कैवश बनाने की विधि है।

4. अनानास का स्कैवश

सामग्रियाँ

अनानास का रस	–	1 लीटर
शक्कर	–	1.50 किलो
जल	–	0.75 लीटर
सिट्रिक एसिड	–	15 ग्राम
परिरक्षक	–	2 ग्राम
रंग पीला	–	आवश्यकतानुसार

बनाने की विधि : अनानास का रस पाइनोमैट मशीन द्वारा निकाल कर 140 से0 तक गर्म करें। फिर ठंडा करके सिरप, ऐंसेंस, परिरक्षक एवं पीला रंग मिला लें। यदि मशीन नहीं है तो ग्रेटर कर खौला लें एवं रस निकाल लें और मिठास के आधार पर चीनी की मात्रा का सिरप तैयार कर उस रस में मिलाकर स्क्वेस तैयार कर लें।

□□□

अध्याय–3

विभिन्न फलों के जैम तैयार करना

जैम एवं जेली मे मुलभूत अंतर यह है कि जेली फलों के जलीय अंश का बनता है तो जैम फलों के गूदे एवं रस का बनता है। जैम तैयार करने के लिए फलों के पेक्टिन स्तर की जाँच अति आवश्यक है। उसी अनुपात में उसमें शक्कर डालना चाहिए। जैम तैयार करने के लिए निम्नलिखित प्रक्रियाओं को अच्छी तरह संपन्न करना चाहिए।

1. फलों का चुनाव

जैम तैयार करने के लिए ना तो अत्यधिक पक्का या अधिक कच्चा बल्कि पूर्ण रूपेण स्वस्थ फल लेने चाहिए। जिन फलों में पेक्टिन और एसिड की पर्याप्त मात्रा होती है उनका जैम उत्तम स्तर का होता है किन्तु जिनमें पेक्टिन और एसिड की मात्रा कम होती है उसमें उपर से मिलाना होता है। छोटे स्तर पर जैम ताजे फलों का तैयार करना चाहिए किन्तु वृहत पैमाने पर जैम परिरक्षित फलों के गूदें से भी तैयार किया जा सकता है। प्रायः जैम आम, अमरूद तथा सेब, अन्नानास, खुबानी एवं स्ट्राबेरी से तैयार किए जाते हैं।

2. गूदा तैयार करना

फलों को छिलकर काटकर उन्हें उबालकर गूदा या पल्प तैयार किया जाता है। उसके लिए विशेष रूप से तैयार किए गए स्टीम जैकेटेड केट्ल या स्टेनलेस या एल्यूमिनियम का बर्तन इस्तेमाल में लाना चाहिए।

3. पेक्टिन की परीक्षा कर शक्कर की मात्रा निश्चित करना

थोड़ा गूदा कपड़े में छानकर उसका रस निकाल लें। इस रस में जेल मीटर द्वारा या स्प्रिट परीक्षण द्वारा पेक्टिन की मात्रा ज्ञात करें। उत्तम पेक्टिनयुक्त गूदा में 1.25 या 1.75 गुना ज्यादा शक्कर, मध्यम पेक्टिनयुक्त गूदा में गूदा के बराबर शक्कर तथा निम्न पेक्टिनयुक्त गूदा में ½ या इससे भी कम शक्कर की आवश्यकता होती है। निम्न पेक्टिनयुक्त गूदा में कृत्रिम पेक्टिन मिलाना आवश्यक है।

4. उबालना या पकाना

गूदा एसिड एवं शक्कर के मिश्रण को 128°C पर उबालना चाहिए। जैम में कुल विलेय ठोस 68 प्रतिशत होना चाहिए तथा इसका पीएच 3.5 होना चाहिए। तैयार जैम को लकड़ी के चम्मच से गिराने पर एक चादर सी गिरेगी या पानी में एक बूँद डालने पर वह जमा ही रहेगा फेलेगा नहीं या रेफ्रेक्टोमीटर द्वारा जाँचने पर कुल विलेय की ठोस मात्रा का ज्ञान हो जाता है।

5. पात्रों में भरकर सील करना

तैयार जैम को अच्छी तरह से निर्जलीकृत शीशे के जारों या बोतलों में भरकर पीघले मोम से सील कर लेना चाहिएं। पात्रों में जैम भरते समय यह ध्यान रखना चाहिए कि उसमें हवा की मात्रा न रह जाए। पात्रों का ढक्कन अच्छी तरह ऐयरटाइट होना चाहिए।

1. आँवले का जैम

सामग्रियाँ

फल	– 1 किलो
शक्कर	– 1 से सवा किलो
जल	– 1 लीटर
पीला या ऑरेंज रंग	– चुटकी भर
सोडियम बेन्जोएट	– 2 ग्राम
पोटैशियम मेटाबाईसल्फाइट	

बनाने की विधि : आँवले का उपयोग शरीर के लिए हर तरह से फायदेमंद है। अतः इसे संरक्षित करके रखना लाभकारी और गुणकारी भी है। आँवलों को उबालकर मसल दें। फिर छन्नी से छानकर रस अलग कर दें। उचित मात्रा में चीनी मिलाकर आग पर पका लें। ऐंसेंस एवं रंग मिलाकर उतार लें। आपका गुणकारी जैम तैयार है।

2. आम का जैम

आवश्यक सामग्रियाँ

आम	– 1 किलो
शक्कर	– गूदे के बराबर या 1 किलो
सिट्रिक एसीड	– 2 ग्राम
जल	– 0.5 लीटर
पीला या हरा रंग	– आवश्यकतानुसार
पौटेशियम मेटाबाइसल्फाइट	– 2 ग्राम

बनाने की विधि : आमों को छीलकर छोटे–छोटे टूकड़ों मे काटकर उन्हें उबलने के लिए चढ़ा दें। एकदम अच्छी तरह पक

जाने पर गूदे को मसल दें। फिर छन्नी से छान लें। गूदे को उसके बराबर चीनी के साथ आग पर पकाएँ। ऐसेंस, परिक्षक एवं रंग डालकर उतार लें। अच्छी तरह साफ एवं सूखे बोतलों में इसे भर लें।

3. अमरूद का जैम

आवश्यक सामग्रियाँ

अमरूद	– 1 किलो
शक्कर	– 1 किलो या पेक्टिन के अनुसार
सिट्रिक एसीड	– 5 ग्राम
जल	– 1 लीटर
पीला रंग	– आवश्यकतानुसार
पोटेशियम मेटाबाइसल्फाइट	– 2 ग्राम
सोडियम या वेन्जोएट	

बनाने की विधि : अधपके फलों को धोकर छोटे–छोटे टुकड़ों में काट लें। उन्हें पकने तक उबालें एवं गूदे को मसल दें। फिर उसे छानकर रस को चीनी के साथ खौलाएं। बीच–बीच मे चलाती रहें। जैम तैयार होने पर परिरक्षक, एसेंस एवं रंग मिला लें। फिर थोड़ा ठंढा होने पर बोतलों में भर दें।

4. अनानास का जैम

आवश्यक सामग्रियाँ

अनानास का गूदा	– 1 किलो
शक्कर	– 1¼ किलो या पेक्टिन परीक्षा के अनुसार
जल	– 1.5 लीटर
पोटैशियममेटाबाई सल्फाइट	– आवश्यकतानुसार
सोडियम या वेन्जोएट	

पीला रंग	— आवश्यकतानुसार
एसेंस	— आवश्यकतानुसार

बनाने की विधि : अन्य प्रक्रियाएँ दूसरे फलों के समान ही होगी। केवल इसमें फलों को अधिक देर तक उबालना होगा क्योकि यह थोड़ा ज्यादा कड़ा होता है। गूदे को शक्कर के साथ थोड़ी देर तक मिलाकर रख देना चाहिए उसके बाद उसे उबालना चाहिए।

जेली

जेली फलों को जल के साथ या जलरहित उबालकर रस को छानकर एवं उसे उचित मात्रा में चीनी के साथ गाढ़ा होने तक पकाकर प्राप्त किया जाता है। अच्छे जेली की पहचान है उसका पारदर्शी होना एवं चाकू या चम्मच में उसका न चिपकना। जेली मुलायम होनी चाहिए पर पानी में डालने पर उसकी बूँदें बिखरनी नहीं चाहिए। जेली का रंग आकर्षक होना चाहिए तथा काटने पर अपने पुर्व आकार में इसे आ जाना चाहिए। जिस फल के रस में पेक्टिन की मात्रा कम है उसमें चीनी कम मात्रा मे, मध्यम स्तर पर पेक्टिर्न होने पर रस की मात्रा का आधा भाग, चीनी एवं पेक्टिन की मात्रा अधिक होने पर तीन चौथाई भाग चीनी लेनी चाहिए।

किसी भी फल की जेली तैयार करने के लिए न ज्यादा कच्चा न ज्यादा पका फल लेना चाहिए। फलों को धोकर छोटे–छोटे टूकड़ो में काट लें। इन टूकड़ो को पानी के साथ उबालकर रस छान लें। छने रस को चीनी के साथ पकाएँ। लकड़ी के चम्मच या स्टील के चम्मच से बीच–बीच में चलाती रहें ताकि रस पेंदी से लग न जाए। यदि साइट्रिक एसिड न हो तो ताजे नींबू का रस (बीजरहित) उसमें डाला जा सकता है। अच्छे सुगन्ध के लिए उस फल का ऐसन्स एवं आकर्षक रंग के लिए मनचाहा रंग भी मिलाया जा सकता है। जैम एवं जेली में एक मुख्य अंतर यह भी होता है कि जैम तैयार करने में

फल के गुदे का भी प्रयोग होता है जबकि जेली में केवल छने हुए रस का। एक साफ शीशे के ग्लास में पानी लें उसमें चम्मच से जेली धीरे से गिराएँ यदि मिश्रण की बूँदें बिखर नहीं गई बल्कि स्थिर बुँद के रूप में गिरी तो समझें कि मिश्रण जेली के रूप में तैयार है। जेली को चौड़े मुँह के विसंक्रमित बोतलों में भरकर रख लें।

□□□

अध्याय–4

अचार एवं इसके प्रकार

साधरणतया अचार फलों एवं सब्जियों को तेल, नमक, सिरका या नीबू के रस में मसालों के साथ संरक्षित किया गया खाद्य पदार्थ है। संरक्षित करने वाले माध्यम के आधार पर अचार तीन तरह का होता है।

1. तेल में तैयार किया गया अचार

भारत में प्रायः तेल में तैयार किया गया अचार ही प्रचलित है। जिन तेल का उपयोग अचार बनाने में होता है उनमें मुख्य है सरसों तेल या बादाम या सूर्यमुखी का तेल।

2. नींबू के रस मे तैयार किया गया अचार

कभी–कभी नींबू का रस भी नमक के साथ संरक्षण के लिए इस्तेमाल में लाया जाता है।

3. सिरका में तैयार किया गया अचार

विशेषतया विदेशों मे इस किस्म अचार तैयार किए जाते है। प्याज, पत्तागोभी, खीरा इत्यादि के अचार इसी विधि से तैयार किए जाते हैं। यह जल्द एवं आसानी से बनने वाला अचार है।

1. नींबू का मिश्रित अचार

आवश्यक सामग्रियाँ

कागजी निंबू	– 1 किलो
हरी मिर्च	– 250 ग्राम
अदरख	– 100 ग्राम
लहसून	– 100 ग्राम
पीली सरसों	– 100 ग्राम
हल्दी पाउडर	– चार छोटा चम्मच
लाल मिर्च पाउडर	– 2 छोटा चम्मच
धनियाँ पाउडर	– चार छोटा चम्मच
अजवायन	– 2 छोटा चम्मच
मंगरैला	– 2 छोटा चम्मच
जीरा	– 1 चम्मच
लौंग	– 10 ग्राम
हींग	– थोड़ा सा
सिरका या विनेगर	– चार बड़े–बड़े चम्मच
सरसों तेल	– 200 ग्राम
नमक	– स्वादानुसार

बनाने की विधि : आधा किलो नीबूं का मोटा छिलका उतारकर चार–चार टूकड़ो में काट लें। इसे अलग रख लें। हरी मिर्च को धोकर थोड़ी देर के लिए धूप में सूखा लें। अदरख को भी धोकर छिल लें और बारीक टुकड़ों में काट लें। लहसून का छिलका उतारकर उसे भी बारीक काट लें। हरीमिर्च का डंठल हटाकर दो तीन टुकड़ो में काट लें। एक बड़े कड़ाही में सरसों तेल गर्म होने के लिए चढ़ा दें। फिर उसमें मंगरैला डालें। धीरे–धीरे जीरा, अजवायन, हींग, लौंग

डालकर उसे पकाएँ। खुशबु आने पर उसमें कटी हरी मिर्च डालें और फिर अदरख, लहसुन और नींबू डालकर मिलाएँ। अब उसमें हल्दी पाउडर, लाल मिर्च पाउडर, धनियाँ और नमक रखें। आधे काटे नींबुओं का रस उसमें निचोड़े। थोड़ी देर तक पकने के बाद उसमें विनेगर मिलाएँ। जब अचार पूर्ण रूपेण पक जाए तो थोड़ी देर के लिए धूप में रखें। ठंढा होने पर सूखें साफ बर्तनों या डब्बों में भरकर सिल कर दें। आपका मिश्रित अचार तैयार है। इस अचार में आप गाजर, फूलगोभी, चिरौंजी, छोटा बेंर या मटर भी मिला सकती है।

2. टमाटर का अचार

आवश्यक सामग्रियाँ

टमाटर	– 1 किलो
सरसों	– 100 ग्राम
मेथी	– एक चम्मच
लाल मिर्च पाउडर	– 2 चम्मच
हल्दी	– एक चम्मच
लहसून	– 100 ग्राम
नमक	– आवश्यकतानुसार
इमली	– 150 ग्राम

बनाने की विधि : स्वस्थ पके टमाटरों को धो पोछ कर काट लें। फिर उसमें इच्छानुसार नमक मिला दें। दो दिन नमक में ही छोड़ दें। दो दिन बाद छानकर उसे सुखा दें। टमाटरवाले पानी में एक पाव इमली डाल दें। टमाटर को सुखाकर पीस दें। कड़ाही में तेल डालकर जीरा, उड़द दाल, चना दाल, मिर्ची इत्यादि डालकर छौंक लगा दें। अब साफ मर्तबान मे इसे सग्रंहित कर लें।

3. मशरूम का अचार

सामग्रियाँ

मशरूम	– 125 ग्राम
जीरा	– आधा चम्मच
मेंथी	– आधा चम्मच
धनिया पाउडर	– आधा चम्मच
हल्दी पाउडर	– आधा चम्मच
सरसों	– आधा चम्मच
हरी मिर्च	– 5
सिरका	– 45 मिली लीटर
तेल	– 45 मिली लीटर
नमक	– स्वादानुसार

बनाने की विधि : मशरूम के डंठल को काटकर अलग कर दें। गर्म तेल में हल्का भूनकर निकाल लें। फिर अलग से पके तेल में अचार के सभी मसालों को भूनकर उसमें हल्दी पाउडर मिलाकर नमक के साथ मशरूम डालकर पकाएं। फिर उसे एक साफ शीशे के बर्तन में रखें। एक सप्ताह तक जार को धूप में रखें और शाम को घर में रखें। आपका अचार तैयार है।

4. आलू का अचार

सामग्रियाँ	– आलू 1 कि0 ग्रा0
गरम मसाला	– दो चम्मच
जीरा पाउडर	– ½ चम्मच
हल्दी पाउडर	– आवश्यकतानुसार (दो चम्मच)
लाल मिर्च पाउडर	– 1 चम्मच

काली मिर्च पाउडर	–	थोड़ा सा
नमक	–	आवश्यकतानुसार
पीली सरसों	–	50 ग्राम
अजवाइन मंगरैला एवं लौंग हींग	–	थोड़ा सा फोड़न देने लायक
रिफाइन्ड तेल	–	250 मी0 लीटर
धनीया पाउडर	–	दो चम्मच
कश्मीरी मिर्च पाउडर	–	1 चम्मच
अदरख	–	50 ग्राम
सिरका	–	2 बड़ चम्मच

बनाने की विधि : स्वस्थ आलूओं को धो लें। उन्हें उबालकर छील लें। छोटे–छोटे टुकड़े बना कर रख लें। अदरख को छीलकर बारीक काट लें। चूल्हें पर कड़ाही चढ़ा कर उसमें रिफाइन्ड करू तेंल डालकर गर्म होने दें। लेकिन तेल ज्यादा खौलना नही चाहिए। उसमें जमाइन, मंगरैला, लौंग और थोड़ा सा हिंग डालें। बारीक कटी अदरख को उसमें डालने के बाद आलूओं को कड़ाही में चलाए। फिर उसमें धनीयाँ पाउडर जीरा पाउडर पीली सरसों पाउडर डालें। नमक वाली मीर्च पाउडर, लाल मिर्च पाउडर डालकर बीच–बीच में चलाते रहें। थोड़ी देर बाद गरम मसाला पाउडर एवं कस्तुरी मिर्च पाउडर डालकर पकाएं। अंत में सिरका डालकर पकाएं फिर कड़ाही को ऑच पर से उतारकर थोडी देर धूप में रखें। फिर ठंडा होने पर इस अचार को साफ एवं सूखे मर्तवान में संग्रहित कर लें। यह अचार कम से कम दो सालों तक चलेगा।

□□□

अध्याय–5

ऑवला एवं इसके विभिन्न रूप

भारतीय वनस्पतियों में ऑवला एक ऐसा गुणकारी फल है जिसके पत्ते भी उपयोग में लाए जाते है। आयुर्वेदिक औषधियों के निर्माण में उपयुक्त होने वाले तीन फलों हर्रें, बहेरा, एवं आवॅला में ऑवला की भूमिका अहम् है। एक आवॅला खाने से मानव शरीर को जितनी बिटामिन सी की मात्रा चाहिए वो पूरी हो जाती है। इसे आयुर्वेद का आधार स्तम्भ भी कहा जाता है। बारबांडोस चेरी के अलावा अन्य किसी भी फल में विटामिन सी (100 ग्राम में लगभग 500–700 मी0 ली0 विटामिन सी) की इतनी मात्रा नही पायी जाती है। इसके फल रोगानुनाशी होते हैं अतः रोग उत्पन्न करने वाले सूक्ष्म जीवों का विनाश करतें है। सबसे महत्वपूर्ण बात यह है कि इसका उत्पादन करने में बहुत अधिक खर्च नहीं करना पड़ता है। 100 ग्राम ऑवला के गुदे मे 89% प्रोटिन, 81.1% जल, 0.1 ग्राम वसा, 0.5 ग्राम खनिज पदार्थ, 3–4 ग्राम रेशा, 13.7 ग्राम कार्बोहाइड्रेट, 58 ग्राम उर्जा, 50 मि0ली0 ग्राम कैल्शियम, 20 मि0ली0 ग्राम फॉस्फोरस, 1.2 मि0ग्राम आयरन, 9 माइक्रो ग्राम कैरोटिन, 0.03 मि0 ग्राम थायमिन, 0. 01 मि0 ग्राम राइबोफ्लेबिन, 0.02 मि0 ग्राम नियासीन एवं सबसे अधिक 600 मि0ली0 ग्राम विटामिन सी पाया जाता है।

ऑवला से ऑवला चूर्ण, त्रिफला चूर्ण, जैम, जैली, च्यवनप्राश, अचार, चटनी, मुरब्बा, कैंडी, इत्यादि अन्यान्य उत्पाद बनाए जाते हैं। आँवला जाड़े के मौसम में लगभग भारत के सभी राज्यो में प्रचुर मात्रा में पाया जाता है। वैसे तो यह हर आदमी के लिए लाभकारी होता है, त्रिशेषकर छोटे बच्चों को नियमित ढ़ंग से ऑवला का सेवन करवाना चाहिए जिससे उनकी स्मरण शक्ति तेज होती है। इसकी उपज में भी लागत खर्च बहुत अधिक नहीं लगता है। इस प्रकार हम यह कह सकते है कि यदि ताजा ऑवला उपलब्ध नहीं है तो इसके विभिन्न संरक्षित रूपों का सेवन किया जा सकता है:–जैसे ऑवले का मुरब्बा, अचार, चटनी, चूर्ण, तथा सूखा ऑवला अत्यधिक लोकप्रिय है।

आँवले का मुरब्बा

आयुर्वेदीय पौधों में आँवलें का महत्व काफी है। यह शरीर के लिए हर तरह से लाभकारी है। यह विटामिन सी का सर्वोत्तम पूरक है। एक आँवला प्रतिदिन खाने से शरीर में जितनी विटामिन सी की आवश्यकता होती है वह पूर्ण हो जाता है। इसलिए आज से नहीं वरन् अति प्राचीन काल से ही आँवले को विभिन्न तरीकों से संग्रहित किया जाता रहा है। उनमें आवँले का मुरब्बा सबसे अधिक लोकप्रिय है।

आवश्यक सामग्रियाँ

बड़े आकार का आँवला	– 1 किलो
चीनी	– सवा से डेढ़ किलो तक
नमक	– एक चम्मच
फिटकरी	– 25 ग्राम

बनाने की विधि : बड़े किस्म के आँवले लेकर उन्हे धों लें। फिर स्टेनलेस स्टील के काँटें से या फिर खजूर के काँटें से उन्हें

गोद लें। छिद्र गूठली की गहराई तक जाने चाहिए। फिर उन्हें 2 प्रतिशत नमक के घोल में डूबों दें। दो दिनों बाद उन्हें निकालकर धो लें और फिर 2 प्रतिशत फिटकरी के घोल में डूबों दें या उन्हें हल्का 2 मिनट तक उबाल भी सकती है। फिर फलों को घोल से निकालकर जल से अच्छी तरह धों लें जिससे कि उनमें फिटकरी का थोड़ा भी अंश न रह जाए। उसके बाद फलों को कुल चीनी के एक तिहाई भाग के साथ उबालें। उन्हें 5 मिनट ठंडा करने के बाद फिर शेष चीनी के साथ पकाएँ। आपका मुरब्बा तैयार है इसे आप वर्ष भर इस्तेमाल कर सकती है।

□□□

अध्याय–6

सॉस, कैचॅप तथा चटनी तैयार करना

सॉस फलों का एक समान मसालेदार मधुर संरचनात्मक पदार्थ है जो कि टमाटर जैसे फलों के रस से तैयार किया जाता है। इनमें परिरक्षण के लिए रसायनिक पदार्थों के साथ–साथ नमक तथा चीनी दोनों डाले जाते है। उनमें ठोस विलेय केवल 15 प्रतिशत से 20 प्रतिशत तक रह सकता है।

1. टमाटर का सॉस

आवश्यक सामग्रियाँ :–

टमाटर का रस	– 5 लीटर
प्याज	– 50 ग्राम
नमक	– आवश्यकतानुसार
लहसून	– एक पूरा फल
काली मिर्च	– 5 ग्राम
लौंग	– 3–4
शक्कर	– 400 ग्राम
जीरा	– थोड़ा सा

दालचीनी	– एक टुकड़ा
नमक	– दो चम्मच
जावित्री	– 5 ग्राम
बड़ी इलायची	– एक फल
सोडियम बेन्जोएट	– 2 ग्राम
सिरका या एसिटिक एसिड	– 10 एम.एल

बनाने की विधि : पूर्णतया पके एवं बीमारियों से रहित टमाटर लें। उन्हें धोकर छोटे–छोटे टूकड़ो में काट लें। साफ बर्तन में उबलने के लिए चढ़ावें। बीच–बीच में उसे चम्मच से दबाती भी रहें। पूर्णतः उबल जाने पर स्टेनलेस स्टील की बड़ी छन्नी से छान लें ताकि बीज एवं छिलका गूदे से अलग हो जाए। इस छने रस को तेज आँच पर फिर चढ़ाएँ। प्याज लहसून एवं अन्य पीसे हूए मसालों को मलमल के एक कपड़े में पोटली बनाकर इस रस में डूबो दें। कुल चीनी का एक तिहाई भाग इस रस में डाल दें एवं बीच–बीच में चलाती रहे। जब रस गाढ़ा होकर आधी रह जाए तो उसमें शेष चीनी, सोडियम बेन्जोएट तथा एसिटिक एसिड मिलाकर पाँच मिनट और पकने दें फिर आपका टमाटर साँस तैयार है।

2. टमाटर कैचॅप

कैचॅप शब्द चीनी भाषा के कोईचियप' शब्द से बना है। यह फलों के रस को नमक, शक्कर, मसाला एवं सिरका के साथ तेज आँच पर पकाकर प्राप्त किया जाता है। इसमें कुल विलेय ठोस 25 प्रतिशत होता है।

आवश्यक सामग्रियाँ :–

टमाटर का रस	– 10 लीटर
नमक	– आवश्यकतानुसार

प्याज	– 250 ग्राम
लहसुन	– एक पूरा फल (15–20 ग्राम)
काली मिर्च	– 5 ग्राम
अदरख	– 10 ग्राम
जावित्री	– 5 ग्राम
पिपर	– 2 ग्राम
लौंग	– 2 दाना
लाल मिर्च	– 5 ग्राम
शक्कर	– 500 ग्राम
धनियाँ	– 5 ग्राम
स्याह जीरा	– 5 ग्राम
सोडियम बेन्जाएट	– 2 ग्राम
सिरका/एसिटिक एसिड	– 100 एम.एल/10 एम.एल.

बनाने की विधि : इसमें सारी विधियाँ टोमैटो सॉस की तरह ही है अंतर केवल इतना है कि सॉस को 212°C फॉरेनहाइट तक गर्म करते हैं जबकि टोमैटो केचॅप को बनाने के लिए रस को 175°–180° फॉरनहाइट तक ही गर्म करते है। कभी–कभी टमाटर को चप संग्रहण के समय गूदा और रस अलग–अलग हो जाता है। ऐसा रस में पेक्टिन की कमी के कारण होता है। अतः तैयार पदार्थ की मात्रा का 0.1 से 0.2 प्रतिशत तक पेक्टिन उपर से मिला दें।

चटनी

1. इमली की चटनी

आवश्यक सामग्रियाँ

पकी इमली	– 1 किलो
चीनी	– 250–300 ग्राम

नमक	–	25–50 ग्राम
धनिया	–	5 ग्राम
लाल मिर्च	–	3 ग्राम
अदरख	–	20 ग्राम
जीरा	–	5 ग्राम
मंगरैला	–	2 ग्राम
मेथी	–	2 ग्राम
सरसों	–	2 ग्राम
तेजपत्र	–	2 पत्ता
काली मिर्च पाउडर	–	आधी चम्मच
हल्दी पाउडर	–	1 चम्मच
बड़ी इलायची	–	3 ग्राम
सिरका	–	100 मिली
सरसों का तेल	–	दो चम्मच

बनाने की विधि : पकी इमली को जल में भिंगो दें। मसलकर बीज अलग कर दें। कड़ाही में तेल गर्म कर जीरा, मेथी, तेजपत्र, सरसों इत्यादि से छौंक लगा दें। फिर उसमें चीनी रखकर गाढ़ा होने तक पकाएँ। रस गाढा होने लगे तो सिरका डालें। अन्य मसालों को पोटली बाँधकर रस में छोड़ दें एवं रस पक जाने पर पोटली को रस में निचोड़ दे। चटनी तैयार है।

2. टमाटर की चटनी

आवश्यक सामग्रियाँ

टमाटर	–	1 किलो
चीनी	–	150 ग्राम

नमक	–	आवश्यकतानुसार
लाल मिर्च	–	3 ग्राम
अदरख	–	10 ग्राम
पंच फोड़न	–	10 ग्राम
सरसों तेल	–	2 चम्मच
तेजपत्र	–	2 पत्ता
हल्दी पाउडर	–	1 छोटा चम्मच
हिंग	–	चुटकी भर

बनाने की विधि : पूर्णरुपेण पके टमाटरों को धोकर काट लें। साफ कड़ाही में तेल गर्म कर उसमें प्रंचफोड़न एवं तेजपत्र डालें। फिर कटे टमाटरों को भूनें। फिर नमक, हल्दी एवं बाद में चीनी डालें। डालकर गाढ़ा होने तक पकाए। इस चटनी मे सिरका डालकर पकाने से यह चटनी अधिक दिन तक टिकती है। इच्छानुसार इस चटनी में लहसून भी डाला जा सकता है। इसी तरह कच्चे आमों की मीठी चटनी भी तैयार की जा सकती है।

□□□

अध्याय–7

मखाना फ्राई एवं मखाना खीर मिक्स

1. मखाना फ्राई :

सामग्रियाँ :

मखाना	– 1 किलो
नमक एवं	
काली मिर्च पाउडर	– स्वादानुसार
लाल मिर्च पाउडर	– आवश्यकतानुसार
तलने के लिए घी	– आवश्यकतानुसार

बनाने की विधि : मखाना के काले छिलकों को उतार लें। फिर कड़ाही गर्म कर उसमें घी डालें। र्गम घी में मखानों को भुनकर नमक, काली मिर्च, लाल मिर्च छिड़ककर स्नैक्स के रूप मे इस्तेमाल किया जाता है। इसकी पैंकिग करके बेचा जा सकता है।

2. मखाना खीर मिक्स

सामग्रियाँ

मखाना	– 1 किलो
तलने के लिए घी	– आवश्यकतानुसार
थोड़ी छोटी इलायची	– किशमिश, काजू

बनाने की विधि : गर्म घी में मखानों को हल्का–हल्का भुन लें। फिर मिक्सी में उन्हें ग्राइन्ड कर लें। थोड़ी छोटी इलायची, काजू एवं किशमिश को बारिक कर उसमें मिला दें। अब पैकेट्स बनाकर या सूखें डब्बों, मर्तबान में इसे भरकर रख लें। जब खीर बनाना हो तो खौलते दूध में डालें। आवश्यकतानुसार चीनी डालें आपका खीर तैयार है।

□□□

अध्याय–8

आलु एवं इसके विभिन्न संरक्षित रूप

1. पोटेटो चिप्स

भूमिका : आलु उत्पादन में विश्व में भारत तीसरे स्थान पर आता है पर संरक्षण की मूलभूत .संरचनाओं के अभाव में करीब–करीब इसका 70% भाग बर्बाद हो जाता है या फिर किसान को औने पौने दाम में बेच देना पड़ता है। आज केवल हमारा देश ही नहीं अपितु सारा विश्व वैश्वीकरण की दौड़ से गुजर रहा है। आने वाले दिनों में भारत विश्व का सबसे बड़ा खुदरा बाजार सिद्ध होने जा रहा है। ऐसे में आवश्यकता है कि हम कैसे अपनी आर्थिक स्थिति को मजूबत करें ? इस क्षेत्र में छोटे छोटे उद्यमियों के रुप मे सहकारी रूप से महिलाओं को नए उद्यमों के विकास हेतु आगे आना होगा। हमारी ग्रामीण बहनें या कोई भी बेरोजगार युवती घर बैठे आलू के विभिन्न उत्पाद बना सकती है एवं धनोपार्जन कर अपनी आर्थिक स्थिति को मजबूत बना सकती है और यदि वे आर्थिक रूप से सुदृढ़ होंगी तो निशिचित रूप से हमारा राज्य और देश खुशहाल होगा, प्रगति करेगा।

आलू के विभिन्न उत्पाद जो महिलाएँ आसानी से बना सकती हैं उनमें सबसे पहला नाम चिप्स का आता है जो देश में सर्वाधिक बिकने वाला आलू उत्पाद है।

आवश्यक सामग्रियाँ

आलू	– 1 कि० ग्रा०
पिलर	– 1
कटर	– 1
पोटासियम मेटा बाईसल्फाईट	– चुटकी भर
सुखने के लिए	– पॉलीथिन / मसलिन कपड़ा
छानने के लिए	– रिफाअईन्ड तेल
सेंधा नमक	– आवश्यकतानुसार
काला नमक	– आवश्यकतानुसार
लाल मिर्च	– आवश्यकतानुसार
गोल मिर्च	– आवश्यकतानुसार
टेस्ट मेकर	– थोड़ा सा

बनाने की विधि : ताजे बड़े आलूओं को धोकर छील लें। उन्हें कटर से एक समान मोटाई में काट लें। चिप्स को खुब अच्छी तरह धोएँ। फिर ट्रे में इतना पानी डालें कि सारा चिप्स अच्छी तरह डूब सके। उसमें 2–5 ग्राम पोटेशियम मेटा बाईसल्फाईट डालें। 2–3 मिनट के बाद इस चिप्स को खौलते हुए पानी में डालें। थोड़ा नमक डाल दें। फिर छानकर दो तीन बार धोएँ। अब इन्हें अलग मसलीन कपड़े पर सुखा लें। अच्छी तरह सुख जाने पर साफ एवं सूखे बर्तन मे भरकर रख लें। यदि खाना है तो गर्म तेल में छानकर उसपर हल्का लालमिर्च पाउडर, काली मिर्च पाउडर एवं काला नमक का छिड़काव करें। यदि पैक करना हो तो अल्यूमिनियम पैकेट या

पॉलीथीन पैकेट मे पैक कर सील कर लें। फ्राइड चिप्स एक महीने तक खराब नहीं होगा। सूखा चिप्स दो वर्षों तक सुरक्षित रह सकता है।

2. पोटेटो स्टिकस

आवश्यक सामग्रियाँ

आलू	–	500 ग्राम
काली मिर्च पाउडर	–	2 ग्राम
सेंधा नमक	–	2 ग्राम
टेस्ट मेकर	–	2 ग्राम
पोटासियम मेटा बाईसल्फाईट	–	चुटकी भर
तलने के लिए	–	रिफाअईन्ड तेल

बनाने की विधि : बड़े–बड़े आलूओं को धोकर उनके छिलके उतार लें। फिर 0.75 से मी0 मोटे स्टिक्स काट लें। अब इन्हें धोकर नमक एवं पोटैशियम मेटा बाईसल्फाईट के घोल में 2–3 मिनट तक डूबोकर रखें। फिर इन्हे धूप में या ड्रायर में सुखा लें। फिर तेल गर्म करके उसमें थोड़ा टेस्ट मेकर डालें। उस गर्म तेल में सुखे स्टिक्स को छानें। उसपर सेंधा नमक, लाल मिर्च एवं काली मिर्च छिड़क कर परोसें।

3. आलू का पापड़

आवश्यक सामग्रियाँ

आलू	–	250 ग्राम
साबूदाना	–	250 ग्राम
जीरा	–	10 ग्राम
सोडियम मेटाबाइसल्फाइट	–	चुटकी भर
काला नमक / सेंधा नमक / नमक	–	स्वादानुसार

काली मिर्च – 5 ग्राम
सोडियम बाइकार्जोनेट – चुटकी भर
तलने के लिए – रिफाईन्ड तेल

बनाने की विधि : आलू धोकर काट लें। उन्हें उबालते समय ही सोडियम मेटाबाइसल्फाइट भी डाल दें। साबूदाने को करीब 3 घंटे पहले पानी में भिगोकर फूलने दें। फिर नमक, काली मिर्च एवं थोड़ी सी लाल मिर्च पाउडर तथा जीरे के चूर्ण एवं गूथें आलू के साथ थोड़ी देर आग पर पकाएँ। इसी समय इसमे सोडियम बाइकार्बोनेट भी डाल दें। गाढ़े घोल को प्लास्टिक की चादर पर थोड़ी–थोड़ी फैलाकर धूप में सूखा ले या फिर ओवन में 60°C पर 6 घंटे तक के लिए सुखा लें। अब इन पापड़ों को सूखे डब्बों में भरकर रख लें।

रिफाइन्ड तेल में छानकर गर्म–गर्म परोसें।

4. आलू का रायता

आवश्यक सामग्रियाँ

आलू – 500 ग्राम
ताजा दही – 500 ग्राम
जीरा – 10 ग्राम
नमक – स्वादानुसार
काली मिर्च पाउडर – 5 ग्राम
लाल मिर्च पाउडर – 5 ग्राम
हरा पीसा पुदीना – चम्मच

बनाने की विधि : आलू धोकर उबाल लें। उन्हें छिलकर छोटे–छोटे टुकड़ो में काट लें। जीरा को भूनकर सूखा ही पीस लें। दही को नमक के साथ फेंट कर रख लें। अब उसमें काली मिर्च

पाउडर, हरा पीसा पूदीना एवं आलू को डालकर चम्मच से मिला दें। लाल मिर्च पाउडर भी ऊपर से स्वादानुसार डाल लें। लाल मिर्च की जगह हरे मिर्च का इस्तेमाल भी किया जा सकता है।

गार्निशिंग के लिए करी पता या धनिया के पत्तों का उपयोग किया जा सकता है। झट–पट खानेवाला रायता तैयार है।

5. आलू के छल्लक

आवश्यक सामग्रियाँ

आलू	–	100 ग्राम
चावल का आटा	–	50 ग्राम
उड़द दाल का बेसन		100 ग्राम
चना दाल का बेसन	–	100 ग्राम
काला नमक	–	स्वादानुसार
अजवाइन एवं मंगरैला	–	स्वादानुसार
खानेवाला सोडा	–	चुटकी भर

बनाने की विधि : आलू धोकर उबाल लें। उसे महीन गूँथ लें। फिर उसमें दाल बेसन, चावल का आटा, उड़द दाल का बैसन, काला नमक, काली मिर्च, अजवाईन मेंगरैला एवं थोड़ा खानेवाले सोडा मिलाकर गुँथ लें। फिर इस आटे को सेवई बनाने वाली मशीन में डालकर छल्लों के रूप में निकालकर धूप में सूखा ले। इन्हें गरम तेल में छानकर परोसा जा सकता है।

❑❑❑

अध्याय–9

आम एवं इसके विभिन्न संरक्षित रूप

आम एक ऐसा रसीला, मनभावक फल है, जिसकी जितनी चर्चा की जाय शायद कम होगी। वेदों एवं पुराण में भी इस फल का विस्तृत वर्णन है। ईसा से हजार बरस पहले बृहदारण्यक उपनिषद एवं शतपथ ब्राह्मण में भी इस रसमय फल का वर्णन किया गया है। संस्कृत में रसाल शब्द से जाना जाने वाले इस फल की उत्पत्ति की कई किवदन्तियां है। एक कहानी के अनुसार एक बार भगवान बुद्ध एक बाग में अपने शिष्यों के साथ बैठे थे, उन्होनें हाथ धोकर जहाँ–जहाँ पानी छिड़का वहाँ सफेद आम का पेड़ उग आया। तामिल भाषा में इसे 'मंगा' या मंगाकाई के नाम से जाना जाता है। सन् 1510 में एक पुर्तगाली यात्री बारथेमा ने जब दक्षिण भारत में इस फल का रसास्वादन किया तो इसके अतुलनीय स्वाद से खुश होकर इसका नाम 'मैंगों' रख दिया। फिर तो कालांतर में इस फल ने विभिन्न विदेशी यात्रियों के साथ–साथ मुगल बादशाहों के दिल पर भी राज करना शुरू कर दिया। साहित्य जगत में पं0 कालिदास से लेकर मिर्जा गालिब तक इसकी महिमा को मंडित करने से अछूते नही रहें। आज विश्व में भारत का स्थान फल उत्पादन में दूसरे

स्थान पर है और उसमें आम की एक अहम् भूमिका है। कच्चे से लेकर पके तक यह अपने विभिन्न रूपों द्वारा भारतीय मेजों की शोभा बढ़ाता रहा है जैसे मैगों जूस, मैंगों जैम, मैंगो जेली, मैगों पापड़, मैंगो मिक्सड प्रिकल, मैंगों पिक्ल, मैंगो मिल्क शेक, खटमिट्ठी, मैंगो कस्टर्ड एवं मैगों फ्रुट सलाद इत्यादि। सबसे महत्वपूर्ण बात यह है कि इसके विभिन्न व्यंजन बनाकर महिलाएँ अपने भोजन में तो विविधता ला ही सकती हैं साथ ही अपने खाली वक्त का सदुपयोग कर सकती हैं एवं यदि कुटीर उद्योग के रूप में अपना लें तो घर बैठे अपनी आमदनी भी बढ़ा सकती है। इसके ढ़ेर सारे व्यंजनों में से कुछ के बनाने की विधियॉ यहॉ वर्णित हैः–

1. आम का स्क्वैयश

आवश्यक सामग्रियाँ

कच्चा आम	– 1 कि0 ग्राम
चीनी	– 750 ग्राम
साइट्रिक एसिड पाउडर	– 2 ग्राम
पोटैशियम मेटा बाइसल्फाइट	– 2 ग्राम
ऐंसेंस	– थोड़ा सा

बनाने की विधि : कच्चे आमों को पहले अच्छी तरह धो लें। फिर डंठल हटाकर छिलका उतार ले। उन्हे छोटे–छोटे टुकड़ो में काटकर साफ स्टील के बर्तन में बराबर साफ पानी में डूबों कर ऑच पर चढ़ा दे, बीच–बीच में उसे चलाती रहें। यदि गुदा पक जाए तो उसे बड़ी छलनी से छान ले। फिर उस साफ अलग हुए जूस को मापकर एक अलग बर्तन में रखे। मापने के लिए यदि मिजरिंग–ग्लास नहीं है तो साधारण ग्लास से भी माप सकती है। फिर उसी ग्लास से उतना ही चीनी लेकर अलग से सिरप बनालें। सिरप में साइट्रिक

एसिड 2 ग्राम या इसकी जगह नींबू का रस बीज हटाकर भी डाला जा सकता है। 2 ग्राम पोटेशियम मेटा बाइसल्फाइट एवं हल्का रंग भी चम्मच से मिलादें। मैगों ऐंसेस भी आधा चम्मच डाल सकती हैं। फिर सिरप को आम के रस में मिला दें एवं गर्म पानी से सटर्लाइज्ड बोतलों में इसे भरकर रख सकती है। यदि आम हल्का पीला भी हो गया है तो भी इसे बनाया जा सकता है सिर्फ उसमें हल्के हरे की जगह आरेंज रंग मिला सकती है। छांनकर जो गुदा निकला उसका जैम अलग से बना सकती है।

2. आम का जैम

आवश्यक सामग्रियॉ

आम	– 1 कि0 ग्राम
शक्कर (चीनी)	– गूदे के बराबर या 1 कि0ग्रा0
साइट्रिक एसिड	– 2 ग्राम
जल	– 1/2 लीटर
पीला या ऑरेज रंग	– चुटकी भर
पोटैशियम मेटा बाइसल्फाइट	– 2 ग्राम

बनाने की विधि : स्क्वायश बनाने के बाद आपके पास आम का जो गूदा बचा है उसे अच्छी तरह मसल दे। उससे रेसे या गुठली के भाग को निकाल दें। फिर गूदे के बराबर मात्रा चीनी के साथ इसे धीमी ऑच पर पकॉए। मैंगों ऐसेंस, 2 ग्राम साइट्रिक एसिड, थोड़ा सा हल्का पीला या ऑरेज रंग एवं चुटकी भर पोटैशियम मेटा बाइसल्फाइट डाल कर मिलादें। जब चम्मच से गिराने पर एक पारदर्शी चादर की तरह गिरने लगे तो समझें कि आपका जैम तैयार है। इसे शीशे की चौड़ी मुँह की बोतल में रखकर ऊपर से मोम की एक परत डालकर एयरटाइट बंद कर साफ एवं ठंडी जगह पर रख

लें। बोतलों को अच्छी तरह साफ करना एवं गर्म पानी से किटाणुमुक्त करना अति आवश्यक है।

3. आम की जेली

आवश्यक सामग्रियाँ

कच्चा आम	– 1 कि0 ग्राम
चीनी	– रस के बराबर या 1 कि0 ग्रा0
मैगों ऐसेंस एवं परिरक्षक	– आधा चम्मच
साइट्रिक एसिड	– 2–5 ग्राम
हल्का ऑरेज रंग	– चुटकी भर

बनाने की विधि : जेली एवं जैम में मूलभूत अंतर यही है कि जैम में फल के गुदे का भी इस्तेमाल होता है जबकि जेली मे केवल इसके रस का और स्कवायश एवं जेली में यह अंतर है कि जेली के लिए फल को थोड़ी ज्यादा देर तक उबालते है, एवं स्क्वायश के लिए हल्का उबालकर ही रस अलग कर लेते है। आमों को छीलकर छोटे–छोटे टुकड़े करके उतारकर बड़ी स्टील छन्नी से छान ले। इस छने रस को ग्लास से माप लें। इसे इसकी बराबर मात्रा की चीनी के साथ धीमी ऑच पर पकाती रहें और साथ में चलाती भी रहें। 2 ग्राम पोटैशियम मेटा बाइसल्फाइट, थोड़ा हल्का ऑरेज रंग एवं 2 ग्राम साइट्रिक एसिड या नींबू का रस तथा मैंगो ऐसेंस मिलाने से जेली आकर्षक बनता है। चम्मच से गिराने पर यह चादर की तरह गिरने लगे तो या फिर कटोरे के जल में डालने पर यह बिखरे नही तो समझें जेली तैयार है।

4. मैगों मिल्क सेक

आवश्यक सामग्रियाँ :

पका आम	– ½ कि0 ग्राम
दूध	– 250 ग्राम

चीनी	– 2 चम्मच (40 ग्राम)
साफ जल	– थोड़ा सा
बादाम	– 10 ग्राम
काजू	– 5 ग्राम
चेरी	– 5 ग्राम

बनाने की विधि : आमों को धोकर छील लें उन्हें छोटे–छोटे टुकड़े करके मिक्सी में ग्राइन्ड कर लें। फिर दूध, मीठा होने लायक चीनी, बुरादा किया हुआ इलायची थोड़ा सा जल, डालकर फेंट लें। फिर उपर से बर्फ बारीक कटी काजू, चेरी एवं बादाम के साथ सर्व करें।

5. आम का अचार

आवश्यक सामग्रियाँ

कच्चा आम	–	1 किलो ग्रा0
नमक	–	आवश्यकतानुसार
हल्दी पाउडर	–	आवश्यकतानुसार
अजवाइन मंगरैला लौंग		
मैथी, जीरा सरसों	–	दो चम्मच
हींग	–	चुटकी भर
धनियाँ पाउडर	–	25 ग्राम
लाल मिर्च पाउडर	–	आवश्यकतानुसार
गोल मिर्च पाउडर	–	आवश्यकतानुसार
सिरका	–	2 चम्मच

बनाने की विधि : आमों को धोकर छोटे–छोटे टुकड़े में काट लें। फिर पानी सूख जाने पर उसमें नमक, हल्दी, डालकर ढ़ककर

स्टील के बर्तन में 2–3 घंटे तक छोड़ दें। फिर गैस पर कड़ाही चढ़ाकर उसमें रिफाइन्ड तेल डालकर अजवाइन, मंगरैला, लौंग, मेथी, जीरा, सरसों, हींग डालें। आम को उसमें डालकर चलाएँ। फिर उसमें थोड़ा गोल मिर्च पाउडर, धनीयाँ पाउडर, हल्दी पाउडर, नमक, एवं लाल मिर्च पाउडर डालकर पकाएँ। पकने पर 2 चम्मच सिरका उसमें डालें। खाने वाला लाल रंग भी थोड़ा सा डाला जा सकता है। आपका अचार तैयार है। उसे साफ चौड़े मुँह के विसंक्रमित बोतलों में भरकर पैक कर लें। उपयुक्त वर्णित उत्पादों को महिलाएँ अपने इस्तेमाल के साथ बेचकर अपनी आमदनी भी बढ़ा सकती हैं।

□□□

अध्याय–10

विभिन्न फलों एवं सब्जियों का सुखौता

कुछ फलों एंव सब्जियों की आन्तरिक संरचना ऐसी होती है कि उनका संरक्षण शीतकरण विधि द्वारा नहीं किया जा सकता है, जैसे हरी पत्तियों वाले शाक, मूली, टमाटर, कद्दू, फूलगोभी, बंधगोभी इत्यादि। फलों मे काफी अधिक मात्रा में इन्जाइम्स पाए जाते हैं जिनके कारण फलों के रंग में परिवर्तन हो जाता है और वो भूरे रंग के हो जाते हैं। जिससे उनके गंध एवं स्वरुप में भी परिवर्तन हो जाता है।

फलों के इस भूरे होने की प्रक्रिया को रोका जा सकता है यदि साइट्रिक एसिड् या सल्फाइट आयन के रुप में सल्फर डाइक्साइड या कार्बन डाईऑक्साइड का इस्तेमाल उचित तापक्रम एवं प्रेशर पर किया जाता है। जब किसी फल या सब्जी को ऑक्सीजन, कार्बन डायक्साईड एवं नाइट्रोजन के विशेष मिश्रण मे संरक्षित किया जाता है तो उसे (कंट्रोल्ड एटमोस्फेयर) नियत्रित वातावरण में संरक्षण करना कहा जाता है। शीतउपकरण के तापक्रम मे चढ़ाव या उतराव से संरक्षण सीधी तरह से प्रभावित होता है। फलों को बर्बाद होने से बचाने के लिए इन्हें उँची आर्द्रता बिन्दु पर प्रिर्जभ करना चाहिए।

कुछ पुराने अध्ययन के अनुसार हवा में जितनी ऑक्सीजन एवं कार्बन डाईऑक्साइड की मात्रा होती है, उससे कम मात्रा पर यदि फलों को रखा जाता है, तो वो बहुत दिनों तक ताजा बने रहते हैं। जब CO_2 40% रहता है तो हानिकारक जीवाणुओं की वृद्धि अपने आप बहुत धीमी गति से होती है, या नही के बराबर होती है।

नियंत्रित वातावरण में संरक्षित करते समय 2° सेन्टीग्रेड के अंतर से भी परिणाम में बहुत अंतर आ जाता है। क्लोरोफिल के अणुओं के टुटने से भी फलों एवं सब्जियों के रंग बदल जाते है। जिसे नियंत्रित वातावरण में कम किया जाता है। कम ऑक्सीजन की उपस्थिति से भी फलों का पकना देर से होता है। इससे ऑक्सेलोएसिटिक एसिड का एकत्रित होना भी मौलिक एसिड मे उसके परिवर्तन को रोकता है। जिससे फलों को काफी दिनों तक ताजा रखा जा सकता है। बैक्टीरिया के बिजाणुओं एवं दुर्गन्ध को दूर करने के लिए उचित तापक्रम 30-38° फॉरेनहॉइट पर 3ppm ओजोन की मात्रा सर्वाधिक उपयुक्त है। इससे फलों में श्वसन दर कम जाता है। छिलकों का मुलायम होना देर से होता है एवं एथीलीन की उत्पादन क्षमता भी कम जाती है। शीतगृहों मे 1.5 प्रतिशत CO_2 एवं 1 प्रतिशत O_2 से 28°C तापक्रम पर फल का कड़ापन काफी दिनों तक बना रहता है। सेवों को पहले 2 प्रतिशत फन्गीसाइड्स के घोल मे धोकर निकाल लेना चाहिए और हाइड्रेटेडलाइम ट्रे में संरक्षित करना चाहिए।

अमरुद को 8.10 तापक्रम पर दो सप्ताहों के लिए ताजा रखा जा सकता है। लेकिन यदि इंन्हें 7.8 प्रतिशत कार्बन–डाईऑसाइड पर संग्रहित किया जाए तो इनकी शेल्फलाइफ बढ़ जाती है।

आमों को 12°C तापक्रम पर दो–तीन सप्ताहों तक संग्रहित रखा जा सकता है, परन्तु 8–10° तापक्रम पर एवं 7.5 प्रतिशत कार्बन डाइऑक्साइड एवं 12.5 प्रतिशत ऑक्सीजन के साथ इनकी शेल्फ

लाइफ को 7 सप्ताहों तक बढ़ाया जा सकता है। हरे आमों को साफ पानी मे धोकर फिर तीन मिनट तक खौलते पानी में डुबोकर निकाल लें। अब इन टुकड़ो को धुप में सुखाकर रखा जा सकता है। या फिर 1–2 प्रतिशत ब्राइन सोल्यूशन में संग्रहित किया जा सकता है। सूखे टुकड़ो का चूर्ण बनाकर आमचूर के रुप मे भी रखा जा सकता है।

आमों का पापड़ बनाकर भी रखा जा सकता है। पकें आमों के रस को निकालकर साफ कपड़े पर एक परत फिर उसके उपर दुसरी परत, तीसरी परत, डाल–डाल कर अच्छी तरह सुखा लिया जाता है। इस रूप में थोड़ी चीनी भी डाला जा सकता है। लेकिन दो तीन महीनों मे इसके बर्बाद होने की संभावना रहती है, जिसें संरक्षण के तरीकों को अपनाकर कम किया जा सकता है।

सी0 एफ0 टी0 आर0 आई0 मैसूर मे आम के पापड़ बनाने की तकनीक विकसित कि गयी है। जिसका पैटेंटिग भी हो गया है। किसी भी फल को धूप में सुखाने से पहले फलों को अच्छी तरह धो लिया जाता है, छिला जाता है। एवं लकड़ी के ट्रे में रखकर एक शेड के अंदर रखा जाता है। फिर एक टन फलों के लिए 1–3.5 किलोग्राम सल्फर का धुँआ उत्पन्न किया जाता है, और फिर ट्रे को धूप में रखकर फलों को सुखा लिया जाता है। फिर इन फलों की आर्द्रता को नियंत्रित करने लिए लकड़ी के बक्सों मे रखा जाता है। इस प्रक्रिया को स्वेटिंग कहते है। अब इन फलो को छिद्र वाले बक्सों मे रखकर साफ सुथरे कमरे मे संग्रहित कर लिया जाता है।

अंगूर : बीज रहित सुखे अंगूर को किशमिश या मुनक्का कहा जाता है। धूप में सुखाने से पहले अंगूर को 1–2 प्रतिशत शक्ति वाले उबलते कॉस्टिक सोडा के घोल में 30 सेकेण्ड –3 मिनट तक डालकर निकाल लिया जाता है। और फिर इन्हे कभी–कभी बाजार

की माँग के हिसाब से 3–6 घंटे तक सल्फर डाइऑक्साइड के धूँए से धुम्रीकित किया जाता है। कॉस्टिक सोडा के घोल को लाइघोल कहते है।

लाइ घोल को इस्तेमाल करते वक्त इस बात का ध्यान रखना चाहिए कि अल्यूमिनियम के बर्त्तन का इस्तेमान न हो क्योंकि यह सोडियम हाइड्रोक्साइड के साथ तीव्र प्रतिक्रिया करता है। फलों में कॉस्टिक सोडा की मात्रा बची न रहें अतः फलों को लाईघोल से निकाल कर तेज धार पानी में धो लेना चाहिए। आस्ट्रेलिया एवं कैलिफोर्निया जैसी जगहों में कभी–कभी कॉस्टिक सोड़ा एव सोडियम बाइकार्बोनेट के घोल में ओलिव ऑयल भी थोड़ी मात्रा में मिला दिया जाता है। और फिर इन्हें धूप में या यांत्रिक विधि से सुखाया जाता है। ओलिव ऑयल के कारण सुखे फलों में चमक आ जाती है।

केला : केला के सुखौता का प्रचलन दक्षिण भारत में ज्यादा है एवं इसके चिप्स वहाँ हर दुकान में उपलब्ध रहते हैं। पके केला के सुखौता को **बनाना फिग** भी कहा जाता है।

इसके लिए फलों को छिलकर लंबाई मे काटा जाता है। फिर सल्फयुरीकृत कर उसे सूर्य की रोशनी में या मशीन में सुखा लिया जाता है। कच्चें केला का छिलका उतार लिया जाता है। फिर उसे खौलते पानी में डालकर निकाल लिया जाता है। अब इनके चिप्स काटकर सुखा लिया जाता है। इस चिप्स को तलकर खाया जाता है। या फिर दूसरे अनाज के साथ आटा बनाकर इस्तेमाल में लाया जाता है।

आलू : आलू एक ऐसी सब्जी है, जिसका इस्तेमाल न केवल भारत बल्कि विदेशों में भी प्रचुर मात्रा में किया जाता है। इसे सुखाकर रखने की प्रक्रिया एकदम आसान एवं सरल है। छोटे आलूओं को धोकर उबाल लें। फिर टुकड़ो में तोड़कर अच्छी तरह

सुखा लें अच्छी तरह सुखने पर उन्हें मशीन में आटा बनवाकर सुखें डब्बों मे रख लें। इस आटे से मिठाई विभिन्न प्रकार के नमकीन इत्यादि तैयार किए जाते है इस आटे को मैदा, गेहूँ का आटा एवं बेसन के साथ मिलाकर चटपटा पराठा बनाया जा सकता है। वैसे आलू के अचार एवं इसके विभिन्न संरक्षित रुप के बारें में विस्तार से आठवें अध्याय में दिया गया है।

फूलगोभी : फूलगोभी को अच्छी तरह धोकर छोटे–छोटे टूकड़े बना लें फिर उन्हे 4–5 मिनट तक खौलते पाने में डालें। इस घोंल में थोड़ा नमक भी मिला सकतें है। फिर उन्हें छानकर 0.5 प्रतिशत सल्फर डाइआफक्साइड के घोल मे एक घंटे तक डुबाऐं फिर उन्हे निथारकर धो लें। उसके बाद टुकड़ों को 60° से 66° से0ग्रें0 पर 10–12 घंटे तक सुखा लें। नियंत्रित वातावरण में इन्हें 1–3°C पर 5–6% कार्बन डाईक्साइड एवं 2–5 प्रतिशत O_2 की उपस्थिति में संग्रहित किया जा सकता है। गर्मी के दिनों में तापक्रम 0°C नियंत्रित रखना चहिए।

गांठ गोभी : इनका छिलका छिलकर 3.5 सें0 मी0 मोटाई के छल्ले काट लें इसके बाद इन छल्लों को ¼ प्रतिशत SO_2 के घोल में 30 से 40 मिनट तक डूबोकर रखें और फिर उन्हे निथार कर धो डालें। अब इन्हें 11 से 13 घंटे तक 54 से 60 सें0ग्रें0 पर सुखा लें।

बंधा गोभी : उपरी छिल्कों को उतारकर 5 से0मी0 मोटाई मे काट लिया जाता है। इन्हें आप 5–10 मिनट तक नमक़ के साथ खौलते पानी में डालें या फिर 2 प्रतिशत सोडियम बाइकार्बोनेट घोल मे 2–3 मिनट तक उबालें। अब टूकड़ो को 60°C से 66°C तक 12–14 घंटे तक सुखा लें। खौलाते समय यदि पानी में 5 प्रतिशत पोटैशियम सल्फाइट या बाइसल्फाइट डाला जाता है, तो उनका रंग अच्छा होता है।

सेम : फ्रेन्च बिन्स या साधारण सेम के छोटे–छोटे टुकड़े कर लें फिर 3–6 मिनट तक ब्लान्च करके धूप में अच्छी तरह सुखा लें ध्यान रहना चाहिए कि धूप में से निकालकर तुरंत ही पैक ना करें अन्यथा पॉलीथीन पैकेट या डब्बे के अन्दर वाष्प बन जाएगा जो उत्पाद को हानि पहुँचा सकता है।

कड़ैला : स्वस्थ हरे कड़ैलों को अच्छी तरह धोकर 6–7 से0मी0 मोटाई के छल्लो में काटकर 7 से 8 मिनट तक खौलते पानी मे डालकर निकाल लें। फिर उन्हें 66° से0ग्रे0 से 71° से ग्रेड पर 9–10 घंटे तक सुखा लें। सुखे मर्तवान या पॉलीपैक मे पैक कर ले।

बैगन : स्वस्थ बैगन को अच्छी तरह धों लें। फिर उन्हें लम्बाई में काट लें 15% SO_2 के घोल में 1½ घंटे तक डूबोकर निकाल लें। फिर 49° से0 ग्रेड से 54° से0 ग्रेड तक 11–12 घंटो तक सुखा लें यदि 10 घंटे में सुख गया तो पहले ही संग्रहित कर लें।

मटर : सी0एफ0टी0आर0 आई मैसुर में मटर को विभिन्न तरह के नमक के घोल एवं कई ग्लान्चिंग समय पर संग्रहित करने का तरीका निकाला गया है। हरे मटर को 63° से0ग्रेड तापक्रम पर सुखा लें। फिर थोड़ा ठंडा होने पर सुखें पॉलीथीन पैकेट्स में संग्रहित कर लें।

करीब–करीब सभी फलों एवं सब्जियों के सुखौता बनाने का मूल सिद्धान्त एक ही है बस उसमे उपस्थित ठोस जल पदार्थ की विभिन्नता के कारण विभिन्न तापक्रमों पर उन्हें सुखाया एवं संग्रहित किया जाता है।

□□□

अध्याय–11

परिरक्षण के समय कुछ ध्यान देने योग्य बातें

1. प्रिर्जभ उत्पादों को काला होने से बचाने के लिए सदैव स्टेनलेस स्टील बर्तन का ही उपयोग करें।
2. अचार का स्वाद कड़वा होने से बचाने के लिए उचित सिरका का इस्तेमाल करें एवं मसालों को ज्यादा देर तक ऑच पर न पकाएँ।
3. अचार के ऊपर यदि सफेद झिल्ली बन गयी हो तो उसे तुरन्त हटा दें एवं 1% एसिटिक एसिड उसमें डाल दें।
4. अचार के लिए उचित तेल या मसालों का ही प्रयोग करें।
5. जैम, जेली, सॉस, कैचॅप या अचार को सदैव विसंक्रमित बोतलों या मर्तबान में ही रखें जल का संसर्ग नही होना चाहिए अन्यथा वो जल्द खराब हो जाएगें।
6. सूर्य में सुखाने से ज्यादा पोषक तत्वों की हानि होती है जबकि डीहाइड्रेटर में सुखाने से पोषक तत्वों एवं प्राकृतिक रंग की हानि कम होती है।

7. स्प्रे ड्रायिंग केवल तरल पदार्थ, दूध एवं क्यूरी के लिए उपयुक्त होती है।

8. क्लोस्ट्रिडियम बोटूलिनम एवं स्टेफाइलोकोकस ऑरियस के कारण ही भोजन में विष पैदा होता है।

9. डिब्बाबंदी करने के लिए फल का पूर्ण स्वस्थ या पका एवं सब्जियों का कम मैच्योर होना आवश्यक है।

10. विटामिन 'सी' वाले जूस जैसे ऑरेन्ज जूस या लाइम जूस को ऑच पर गर्म नहीं करना चाहिए।

11. बोतलों, जारों में प्रिर्जभ उत्पाद रखने के बाद एक्जोस्ट प्रक्रिया द्वारा उनके ऊपर की हवा को निकालना आवश्यक होता है। इसके बाद ही सिलिंग करना चाहिए।

12. हिट प्रोसेसिंग के बाद डब्बों को तुरन्त ही कमरे के तापक्रम पर ठंडा करना चाहिए।

13. जैम बनाते समय आवश्यकता से अधिक चीनी की मात्रा डालेंगे तो जैम या तो मधु की तरह जलीय हो जाएगा या फिर उसके ऊपर चीनी के रवे बन जायेंगे।

14. जैम में पेक्टिन की मात्रा 5–10% ही होनी चाहिए। पेक्टिन मिलाते समय 1 भाग पेक्टिन को 10 भाग चीनी के साथ मिलाकर समानरूप से घोल में मिलायें।

15. रंग एवं फ्रुट एसेंस अंत में मिलाना चाहिए। रंग एक बूंद जल में चम्मच में मिलाकर फिर उसे घोल में मिलाना चाहिए।

16. टोमैटों कैचॅप केवल टमाटर से बनता है चबकि सॉस मिर्च या लाल कदीमा के गूदा का भी बनता है।

17. टोमैटों कैचॅप में एक तिहाई चीनी प्रारम्भ में ही डाल देना चाहिए ताकि उसका लाल रंग बरकरार रहे। शेष भाग तैयार होने से थोड़ी देर पहले डालना चाहिए।

18. टमाटर में उपस्थित लाइकोवीन जब ऑक्सीकृत होकर लोहे के सम्पर्क में आता है तो भूरा हो जाता है अतः सदैव स्टेनलेस स्टील का बर्तन ही उपयोग करना चाहिए।

19. पैकेजिंग साधन भोज्य पदार्थों को रासायनिक परिवर्तन एवं जीवाणुओं से बचाने युक्त होने चाहिए।

20. पैकेट्स आर्कषण, पर्यावरण के अनुकूल एवं सिल्ड होने लायक होने चाहिए।

21. पैकेट्स तापक्रम सहने लायक एवं प्रिन्ट करने लायक होने चाहिए।

22. थोड़े दिनों के लिए जब फल एवं सब्जी को घरेलू विधियों से संरक्षित किया जाता है तो उसे जीरो इनर्जी कूल चैम्बर में संरक्षित करना कहा जाता है।

23. सन् 2015 तक हमारी आबादी चीन की आबादी से ज्यादा हो जाएगी अतः फल सब्जी परिरक्षण को अपनाकर ही हम बेरोजगारी को दूर भगा सकते हैं एवं अपनी आर्थिक स्थिति को सुदृढ़ बनाए रख सकते हैं।

24. 27 मार्च के 'हिन्दुस्तान' के अनुसार खाद्य प्रसंस्करण मंत्रालय के पास 2015 तक 1 करोड़ नए रोजगार सृजित करने की एक महत्वाकांक्षी योजना है अतः रोजगारपाने के लिए भी लोगों को इस उद्योग में बढ़–चढ़ कर भाग लेना चाहिए।

❑❑❑

अध्याय–12

चित्रावली

आम का जैम

अमरूद की जैली

टमाटर कैचॅप

टमाटर की चटनी

ऑंवले का मुरब्बा

नींबू मिर्च का अचार

नींबू का मीठा अचार

नींबू स्कवैश

संतरा स्क्वैश

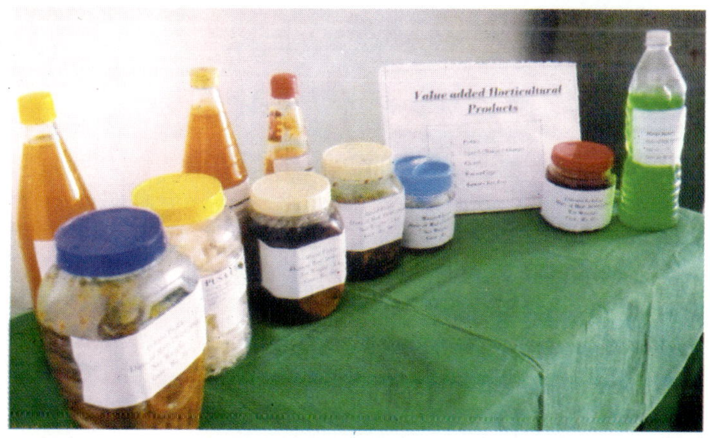
Value added Horticultural
Products

अध्याय–13

शब्दावली

1. हेक्टेयर : जमीन मापने की एक प्रणाली जो 2.3–2.5 एकड़ के बराबर होती है।
2. मिलियन : मापने की एक प्रणाली जो 10 लाख के बराबर होती है।
3. खाद्य प्रौद्योगिकी : प्रौद्योगिकी की वह शाखा जिसमें फल, सब्जी या किसी भी खाद्य पदार्थ को अधिक दिन तक टिकाऊ बनाने के लिए उसे प्रसंस्करण, संरक्षण या रूपान्तरित कर पैकेजिंग किया जाता है।
4. प्रोसेसिंग : साधारणतया फुड प्रिर्जवेशन में भोज्य पदार्थो को ताप द्वारा संरक्षित करने की प्रक्रिया प्रोसेसिंग कहलाती है। लेकिन व्यापक स्तर पर प्रोसेसिंग भोज्य पदार्थो के रंग, आकार, गंध एवं रासायनिक गुणों में बिना अधिक कोई परिवर्तन किए ही उपयोग की सुविधा के लिए की गयी मूल्य संवर्धन की एक प्रक्रिया है।
5. परिरक्षण या प्रीजर्वेशन : किसी भी फल, सब्जी या अन्य भोज्य पदार्थों को परिरक्षण की किसी विधि द्वारा जब बाह्य किटाणुओं

जीवाणुओं या आन्तरिक, रासायनिक प्रतिक्रियाओं द्वारा खराब होने से बचाया जाता है, तथा उनकी शेल्फ लाइफ को बढ़ाया जाता है तो उस प्रक्रिया को परिरक्षण संरक्षण या प्रीजर्वेशन कहते है। प्रीजर्वेशन कई विधियों द्वारा होता है जैसे एसेप्सीस, निम्न तापक्रम या ऊँचे ताप का उपयोग करकें, रसायनों का उपयोग करके ऊँचे, किन्वीकरण, विकिरण द्वारा या निर्वात उत्पन्न करके या पैकेजिंग करके किया जाता है।

एफ0 ए0 ओ ने इसे तीन श्रेणीयों में बाँटा है।

(क) प्रथम स्तरीय प्रोसेसिंग : इसमें सफाई, ग्रेडिंग, विभिन्न आकारों में शार्टिंग, धोना एवं भूसे से अलग किया जाता है।

(ख) द्वितीय स्तरीय प्रोसेसिंग : इस प्रक्रिया के तहत प्राकृतिक खाद्य उत्पादों में प्रारम्भिक परिवर्तन कर उन्हें बाद के उपयोग के लिए तैयार किया जाता है जैसे टमाटर प्यूरी, गुदा, रस निकालना या पैकेजिंग, वैक्सींग या खाने योग्य तेल का हाइड्रोजिनेशन किया जाता है।

(ग) तृतीय स्तरीय प्रोसेसिंग : इसमें उत्पादों का रूप आकार गंध भी परिवर्तित हो जाता है। जैसे जैम, जैली, सॉस, कैचॅप, मार्मलेड बेभेरेजेंज आइसक्रिम इत्यादि। इसमें बहुत ऊँचे स्तर का रूपान्तरण होता है।

6. सूक्ष्म जीवाणु : वो जीवित कोशिकाएँ जैसे Molds, Yeast, Bacteria जिन्हे खुली आँखों से देख पाना सम्भव नहीं है परन्तु अपनी उपस्थिति से ये भोजन को कभी–कभी लाभकारी एवं कभी–कभी हानिकारक भी बना देते है।

7. स्टर्लाइजेशन : खाद्य पदार्थो या डब्बो या बोतलो को सूक्ष्म जीवाणुओं के संपर्क से पूर्णरूपेण अलग करने कि प्रक्रिया को

स्टर्लाइजेशन कहते है। या कोल्ड स्टर्लाइजेशन, रेडिएशन, ऊँचा तापक्रम का उपयोग करके या निम्नताप का इस्तेमाल करके या विभिन्न दबाव पर माइक्रोबियल उतकों को तोड़कर किया जाता है।

8. सीरम : (Serum) रक्त का पतला जलीय भागः मट्टा।

9. सैलोमीटर : नमक की सांद्रता मापने का यंत्र पानी में नमक की अधिकतम सांद्रता 26.5 प्रतिशत ही होती है, जिसे 100°C सेलोमीटर से मापा जाता है।

10. वैक्सीन एवं एण्टीटॉक्सीन : एण्टीबॉडी जो शरीर में उपस्थित विष को प्रभावहीन करता है।

11. पास्चुरीकरण : किसी भी खाद्य पदार्थ को जब 100° से0ग्रे0 से नीचे तापमान पर इतना गर्म किया जाता है कि सारे नही तो कम से कम उसमें उपस्थित अधिकतर जीवाणु खत्म हो जाते है तो उस प्रक्रिया को पास्चुरीकरण कहते है।

12. संसाधन : जरूरी सामान आवश्यक वस्तुएँ।

13. मृदु प्रतिरोधी : वैसे पदार्थ जिन्हें मिलाने से खाद्य पदार्थो के क्षय होने की क्षमता घटती है और वो अधिक दिनों तक टिकाऊ बने रहते हैं मृदु प्रतिरोधी कहलाते हैं।

14. किण्वन : किण्वन परिरक्षण की वह विधि है या रासायनिक क्रिया है जिसमें शर्करायुक्त पदार्थो का एन्जाइमयुक्त सूक्ष्म जीवों द्वारा विघटन (Decomposition) होता है।

15. एल्कोहिल किण्वन (Alcoholic fermentation) जिस किण्वन मे हेक्सोजशर्करा के उपघटन के बाद ऐल्कोहल तथा कार्बन डाईक्साइड का निर्माण होता है उसे एल्कोहलिक किण्वन (Alcoholic fermentation) कहते है।

16. एसिटिक एसिड किण्वन (Acitic acid fermentation) : इस किण्वन मे अल्कोहल का विघटन होता है तथा एसिटिक एसिड एवं जल बनता है।

17. लैक्टिक एसिड किण्वन (Lactic acid fermentation) : जिस किण्वन, प्रक्रिया द्वारा डेक्ट्रोस के अपघटन के फलस्वरूप लैक्टिक एसिड का निर्माण होता है उसे लैक्टिक एसिड किण्वन कहते है।

18. किरणन का सिद्धान्त (Principle of irradiation) : जब किसी फल या सब्जी को सूर्य की अल्ट्रावायलेट किरणों या किसी अन्य प्रकार की ऊर्जा से विकिरण द्वारा संरक्षित किया जाता है तब उसे किरणन का सिद्धान्त कहते हैं।

19. हिमकरण : किसी बंद जगह या वस्तु से ताप को हटाने की प्रक्रिया को हिमीकरण या प्रशीतन कहते है।

20. विघटन : किसी रासायनिक पदार्थ के दो विभिन्न तत्वों में टूटनें की प्रक्रिया को विघटन कहते है।

21. शुष्क हिमीकरण : जमे वर्फ से बिना जल में परिवर्तित किए ही गैस बनाकर जल के निष्कासन की प्रक्रिया शुष्क हिमीकरण कहलाती है।

22. कार्बोनेशन : किसी पेय पदार्थ या खाने योग्य वस्तुओं में कार्बनडायक्साइड को घोलना उस समय जब वो खाने या पीने के लिए एकदम तैयार है तो इस प्रक्रिया को कार्बोनेशन कहते है। जैसे – कोका कोला, पेप्सी, फेन्टा, स्प्राइट इत्यादि।

23. निर्जीवीकरण : ऊँचे तापक्रम पर किसी भोज्य पदार्थ या वस्तु को गर्म करके जब उसमें उपस्थित सारे जीवाणुओं को खत्म कर दिया जाता है तो उसे निर्जीवीकरण करना कहते है।

24. निर्जलीकरण : बोतलों या डिब्बों या शीशे की जारों में से जब उसमें उपस्थित वाष्प या जल को सुखा दिया जाता है तो इस प्रक्रिया को निर्जलीकरण कहते हैं।

25. पोटैशियम मेटा बाईसल्फाइट : एक सूखा रासायनिक पदार्थ जो भोजन परिक्षक के रूप में इस्तेमाल किए जाते है।

26. सोडियम बेन्जोएट : यह भी एक सूखा रासायनिक पदार्थ है जो बेन्जोइक एसिड का रूप है और परिरक्षक के रूप में इस्तेमाल किया जाता है।

27. सिरप (चाशनी) : जल में चीनी को गर्म करके बनाया गया घोल।

28. स्कैवश : फलों का रस एवं चीनी सिरप के मिलाने से बना तरल पदार्थ।

29. परिरक्षक : वे सारे पदार्थ जो फलों, सब्जियों को संरक्षित रखने में सहायक होते है उन्हें परिरक्षक कहा जाता है जैसे सोडियम बेन्जोएट, पोटेशियम मेटाबाई सल्फाइट, साइट्रिक एसिड, सिरका, नमक, चीनी, तेल इत्यादि।

30. पेक्टिन : जल में घूलनशील कार्बोहाइड्रेट जो पौधों के दो उत्तकों के बीच में पाए जाते है। इसमें एनहाइड्रस गैलेक्ट्रोनिक एसिड प्रचुर मात्रा में पाए जाते है।

31. पाइनोमैट : रस निकालने का यंत्र।

32. कैचॅप : कॅचॅप शब्द "कोईचियप" शब्द से बना है जो फलों के रस को नमक, शक्कर, मसाला एवं सिरका के साथ पकाकर प्राप्त किया जाता है।

33. चटनी : यह किसी फल के गूदे या रस या पत्तों को नमक एवं अन्य मसाला के साथ मिलाकर बनायी जाती है इसकी सेल्फ

लाइफ कम होती है। इसमें टी0एस0एस0 50% फल का भाग 40% होता है।

34. केला या फिग : पके केला के सुखौता को बनाना फिग कहते है।

35. किवदन्तियाँ : लोगों के द्वारा सुनायी गयी कहानियाँ।

36. क्लोरोफिल पौधों में उपस्थित हरे पिगमेन्ट जो प्रकाश संश्लेषण की प्रक्रिया कर उनके लिए भोजन बनाते है वे क्लोरोफिल कहलाते है।

37. कैनिंग : फल या सब्जियों को पूर्ण या टूकड़ों में टिन के विसंक्रमित डब्बों में चीनी या नमक के घोल में संरक्षित करने की प्रक्रिया को कैनिंग या डिब्बाबंदी कहते है।

38. कैल्शियम एवं फॉस्फोरस : कैल्सियम एवं फॉस्फोरस वैसे खनिज पदार्थ हैं जो हमारे शरीर को चुस्त बनाए रखने के लिए आवश्यक होते हैं जैसे शरीर के अन्दर क्षार एवं अम्ल का संतुलन तथा हड्डियों एवं दांत की चमक तथा बढ़त के लिए आवश्यक होते हैं। ये हमें मछली, हरी शाक सब्जियों, पनीर, दूध, धनीया पत्ता इत्यादि से प्राप्त होते हैं।

39. कार्बोहाइड्रेट : कार्बन हाइड्रोजन एवं ऑक्सीजन से मिलकर बना रसायनिक पदार्थ जो सैक्राइड्स के रूप में पाए जाते है और शरीर को ऊर्जा प्रदान करते है।

40. आयरन : वैसे तो हमारे शरीर में आयरन अत्यन्त ही कम मात्रा में जाता है लेकिन हमारे शरीर में खून के लाल रंग के लिए यह अति आवश्यक है। अंडा, यकृत, हरी शाक सब्जियों में यह विशेष रूप से पाया जाता है।

41. विटामिन्स : कार्बोहाइड्रेट एवं प्रोटीन के बाद ये दूसरा सबसे महत्वपूर्ण पोषक तत्व है जो शरीर को चलायमान रखने के

लिए अति आवश्यक है। ये शरीर को सुरक्षा भी प्रदान करते है। ये दो तरह के होते है।

(क) जो वसा में घुलनशील है: विटामिन ए.डी0ई0 एवं के0

(ख) जो जल में घुलनशील विटामिन्स है: विटामिन्स सी एवं बी कॉम्पलेक्स

बी कॉम्पलेक्स

1. थायमिन
2. फोलिक एसिड
3. राबोफलेबिन
4. नियासीन
5. पैन्टोथीनिक एसिड
6. बायोटीन
7. कोबालायमिन
8. कोलीन
9. इनोसिटोल
10. पायरीडॉक्सीन (B_6)

42. विसंक्रमित : किसी चीज को सूक्ष्म जीवाणुओं से रहित करने की प्रक्रिया को विसंक्रमण कहते है एवं उस डिब्बा, मर्तबान या बोतल को विसंक्रमित कहते हैं।

43. एन्जाइम्स : एन्जाइम्स जैवीए उत्प्रेरक हैं जो शरीर के अन्दर होने वाली प्रतिक्रियाओं को तेज करते हैं। ये पौधे एवं जन्तुओं के शरीर में पाए जाने वाली उत्तकों के बीच में पाए जाते हैं। जैसे एमाइलेज का उपयोग ग्लूकोज सिरप बनाने में होता है। साधारणतया सभी एन्जाइम्स प्रोटीन होते हैं लेकिन सभी प्रोटीन एन्जाइम्स नहीं होते है। जैसे राइबोन्यूक्लीएज एक ऐसा एन्जाइम है जिसकी प्रकृति प्रोटीन जैसी नहीं है।

44. एसेंस : किसी चिज का अर्क।

45. रसास्वादन–चखना।

46. बाटलिंग : सॉस, कैचॅप या कोई जूस शर्बत बनाने के बाद उसे विसंक्रमित बोतलों में भरकर उन्हें र्काक या ढक्कन लगाने की प्रक्रिया को बॉटलिंग कहते हैं।

47. ब्लान्चिंग : 100 सें0ग्रे0 तापक्रम पर किसी फल या सब्जी को 3–5 मिनट तक उबालकर फिर उसे तुरन्त कमरे के तापक्रम पर ठंडा किया जाता है तो उसे ब्लान्चिंग कहते है उससे भोज्य पदार्थो में उपस्थित एन्जाइम्स निष्क्रिय हो जाते है और फल या सब्जियाँ जल्दी खराब नहीं होते हैं।

48. ब्राइनसोल्यूशन : नमक के घोल को ब्राइनसोल्यूशन कहते है।

49. थायमिन : शरीर में इसकी कमी से बेरी–बेरी नामक बिमारी होती है।

50. राइबोफलेबिन : इसकी कमी से आँख, होठ एवं चमड़ा प्रभावित होते है।

51. नियासीन : इसकी कमी से शरीर में आँख, चमड़ा एवं स्नायुतंत्र प्रभावित होते है। पेलाग्रा नामक बिमारी इसकी कमी से होती है।

52. जैम : फलों के गूदे, रस एवं चीनी से बना मुलायम सेमीसौलिड पदार्थ।

53. जेली : फलों के रस एवं चीनी से बना सेमी सोलिड मुलायम पदार्थ।

54. सॉस : फलों का एक समान मसालेदार मधुर संरचनात्मक पदार्थ जिसमें ठोस विलेय केवल 15% से 20% तक रह सकता है। परिरक्षण के लिए रासायनिक पदार्थो के साथ–साथ नमक एवं चीनी दोनों डाले जाते हैं।

55. उद्यम : कोई व्यवसाय जिसे हम करते है।

56. उद्यमी : जो व्यवसाय करता है।

57. उद्यमिता : एक जुनून, एक गुण, एक प्रक्रिया जिसके तहत कोई व्यक्ति व्यवसाय/उद्यम करता है।

58. अतुलनीय : जिसकी तुलना नहीं की जा सकती हो, जो रूप एवं गुण में अद्‌भुत हो।

59. नियंत्रित वातावरण (कंट्रोल्ड एटमोस्फेयर) : जब किसी फल या सब्जी को ऑक्सीजन, कार्बन डायक्साइड एवं नाइट्रोजन के विशेष मिश्रण में उचित दबाव एवं निश्चित तापक्रम पर संरक्षित किया जाता है तो उसे नियंत्रित वातावरण या कंट्रोल्ड एटमोस्फेयर कहते है।

60. लाइघोल : कॉस्टिक सोडा के घोल को लाइघोल कहते है।

61. शीतउपकरण : वह उपकरण जिसमें वस्तुओं को 0° सें0 पर ठंड़ा रखा जाता है।

62. सी0एफ0टी0आर0आई0 : केन्द्रीय खाद्य तकनीकी एवं अनुसन्धान केन्द्र जिसका हेड ऑफिस मैसुर है।

63. मिजरिंग ग्लास : मापने के लिए बनाया गया अंकित ग्लास।

64. ड्रायर : सुखाने की मशीन।

65. गार्निशिंग : किसी व्यंजन या सलाद को बनाने के बाद सजाने की कला को गार्निशिंग कहते है।

□□□

अध्याय–14

सूचना श्रोत/सम्पर्क श्रोत
References/Bibliography

1. आनन्द जे0 सी0 : भुतपूर्व हेड, पोस्ट हार्वेस्ट तकनीकी विभाग, भारतीय कृषि अनुसन्धान, नई दिल्ली।
2. अन्थोनी लोपेज : प्रोफेसर, खाद्य विज्ञान विभाग, स्टेट विश्वविद्यालय का पोलीटेकनीक केन्द्र, वरजीनिया।
3. बोर एस लूह : खाद्य विज्ञान विभाग, जोर्जिया विश्वविद्यालय, जार्जिया।
4. आस्ट्रेलियन खाद्य तकनीकी परिषद, आस्ट्रेलियन खाद्य विज्ञान एवं तकनीकि एवं अभियंत्रण संस्थान की रिर्पोट।
5. जॉर्ज एफं स्व्यूवार्ट खाद्य अनुसंधान की प्रगतियाँ, ब्रिस्टल विश्वविद्यालय, फल एवं सब्जी संरक्षण।
6. जी सुब्बुलक्ष्मी एवं शोभा उदीपी : खाद्या प्रसंस्करण एवं सरंक्षण 2001, न्यू एज इन्ब्रनेशनल लिमिटेड नई दिल्ली।
7. स्टैनले जे0 केज : एथेन्स, जॉर्जिया, पोस्ट हार्वेस्ट फिजीयोलोजी ऑफ पेरिशेबल पलाष्ट प्रोडक्टस सी0 बी0 एस0 पब्लिशर्स एवं डिस्ट्रीव्यूर्टस, दरियागंज, नई दिल्ली 110002।

8. Pandey P.H. : Post Harvest Technology of Fruits & Vegetables, Principles & Practices ; Saroj Prakashan, 1997 Allahabad 211002.

9. Emerging Trends in Post-Harvest Processing & Utilization of Plant Foods; N Khetrapaul, Sudesh J, Grewal & Singh 2003, Agrotech Publishing Academy, Udaipur 313002.

10. Journal of Scientific & Industrial Research, Council of Scientific & Industrial Research, New Delhi, India.

11. Kalia Manoranjan & Sood Sangita : Food Preservation & Processing, Kalyani Publishers, Ludhiana.

12. Lal Girdhari, Sidappa G.S. & Tandan G.L; Preservation of Fruits & Vegetables, published by ICAR, New Delhi 110012.

13. Magnus Pyke; Food Science & Technology John Murray 1981, 20 Albemarle street London WIX4BD.

14. Pandey P.H: Principles of Agricultural Processing; 2006 Kalyani Publishers, New Delhi.

15. Programmes of Industrial Development, India, Planning Commission - Business & Economics; Fruit & Vegetable Preservation.

16. R.C. Bhutani; Fruit & Vegetable Preservation; Central Food Technological Research Institute, Mysore.

17. Robert D.D. & Taylor A.J. (2001) Flavor Release, Washington, American Chemical Society.

18. Sharma Satish Kumar; Post Harvest Management & Processing of Fruits &Vegetables, Instant Notes, 2010, New India Publishing Agency, Pitampura, Delhi.

19. Sumati, R., Mudambi & M.V. Rejagopal; Fundamentals of Food & Nutrition.

20. Swamy : Food Facts & Principles, New Age International Publishers.

21. S.K. Kulshrestha, 1994. Food Preservation, Vikash Publishing House Pvt. Ltd.

22. Anonymous, 2008C. Food Processing, Agriculture Today Year book. 1:158.

23. Fellows, P 2000. Food Processing Technology Principles & Practices 2nd edn. Wood Head Publishing Limited, Cambridge England & CRC Press LLC, USA.

24. Srinastava, R.P. & Kumar, S. 2002. Fruit & Vegetable Preservation Principles & Practice 3rd edn. International Book distributing Co. Lucknow, pp. 474.

25. Vaidya, D. & Vaidya, M. 2000. Fruit Juice & Juice Beverages. In Post Harvest Technology of Fruits & Vegetables, Handling, Processing, Fermentation & Waste Management, pp 681-719.

26. Verma, L.R. & Joshi, V.K., 2000. Post Harvest Technology of Fruits & Vegetables-Handling, Processing, Fermentation & Waste Management, Vol I & II, Indus Pub. Co. New Delhi, pp. 122.

27. Wills, R.B.H.; Me Glasson, W.B.; Graham, B.; Hec T.H., & Hall E.G. 1996. Post Harvest-An Introduction to the Physiology & Handling of Fruit & Vegetables. CBS. Pub. & Distributors New Delhi, pp.174.

Websites

1. *www.fao.org*
2. *www.apeda.org*
3. *www.hortibigindia.org*
4. *www.indiaagristat.com*
5. *http://www.ficciagroindia.com/post-harvestmgmt/*

□□□

अध्याय–15

संलग्नक / Annexure

Annexure - I

(1) कुछ ऐसे फल एवं सब्जियों के नाम जिनमें Vitamin 'C' की अधिकतम मात्रा पायी जाती है।

नाम	विटामिन सी (mg)		
फल			
सीबकथार्न	2000	बारबाडोस चेरी	1540
ऑवला	600	अमरूद	212
कैश्यू	180	नींबू लाइम	50–63
पपीता	57	स्ट्राबेरी	52
नींबू	39		
सब्जियाँ			
पारसले	281	धनीया पत्ता	135
बंधा गोभी	124	हरी गोभी	111
चौलाई	72	बंद / गाठ गोभी	99
ब्रुशेल्स अंकुरित	85		

(2) फल एवं सब्जियाँ जिनमे आयरन की अधिकतम मात्रा पायी जाती है।

सब्जियाँ (mg)

चौलाई	26.5	सरसों का साग	16.3
धनीया पत्ता	18.5	अंकुरित ब्रुशेल्स	16.2
पार्सले	18.5	पुदीना	15.2
मेथी	16.5	पालक	10.9
कोलोकोशिया का पत्ता	10.0		

फल

किशमिश कुरंट	8.5	पिस्ता	7.7
मुनक्का	7.7	अखरोट	4.8
बादाम	4.5		

(3) फल जिनमें वसा एवं प्रोटीन अत्यधिक मात्रा में पाए जाते है।

फल	**वसा**	**फल**	**प्रोटीन**
अखरोट	64.5	कैश्यूनट	21.2
बादाम	58.9	बादाम	20.8
पिस्ता	53.5	पिस्ता नट	19.8
चिलगोजा	49.3	अखरोट	15.6
कैश्यूनट	46.9	चिलगोजा	13.9
नारियल	41.6	बेल	7.1
शिशकोहरा	——	नारियल	4.5
या कोहरा	22.8		

(4) फल एवं सब्जियाँ जिनमें कैरोटिन की अत्यधिक मात्रा पायी जाती है।

फल	**कैरोटिन (µg)**	**सब्जियाँ**	**कैरोटिन (µg)**
आम	2743	कोलोकेशिया पत्ता	10278

परसीमोन	2268	धनीया पत्ता	6918
अप्रीकाट	2160	पालक	5580
केप–गुजबेरी	1428	बीट (हरा)	5862
रास्पबेरी	1248	चौलाई	5520
पपीता	666	मूली के पत्ते	5295
लोकट	559	सिलेरी के पत्ते	3990
		सरसों के पत्ते	2260
		मेथी के पत्ते	2340
		पार्सले	1920
		गाजर	1800

□□□

Annexure - II

कुछ ऐसे गिरीदार फल एवं तिलहन जिनमें अधिकतम ऊर्जा की मात्रा पायी जाती है।

प्रति 100 ग्राम उपस्थित ऊर्जा की मात्रा

1.	आंइस्टरनट (Oysternut)	689
2.	अखरोट	687
3.	नारियल सूखा	662
4.	चिरौंजी	656
5.	बादाम	655
6.	तरबूज के बीज	628
7.	पिस्ता	626
8.	सूरजमुखी के बीज	620
9.	चिल गोजा	615
10.	काजू	596
11.	भूनी मूँगफली	570
12.	मूँगफली	567
13.	तिल बीज	563
14.	सरसो दाना	541
15.	अलसी दाना	530
16.	काला तिल	515
17.	चन्द्रसूर बीज	454
18.	हरा नारियल	444
19.	नारियल का दूध	430

□□□

अध्याय—16

आवश्यक सामग्रियों उपकरणों की सूची

List of Equipments, Tools and Instruments

1. Working Tables
2. Improved stoves
3. Stainless steel pots of different capacities with lid.
4. Stainless steel spoons
5. Stainless steel knives
6. Glass Jars with caps
7. Bottle brushes
8. Solar dryer
9. Wooden spoons
10. Juice extractor
11. Pulper
12. Crown corking machine
13. Peeler (Hand and electric)
14. Cutter (Potato)
15. Dryer
16. Autoclave

17. Weighing machine
18. Shiver
19. Bottle filling machine
20. Cabinet dryer
21. Soda water machine
22. Basket press
23. Filter press
24. Pouch packing machine/Hand sealing machine
25. Farm fill seal machine
26. Vegetable cutter
27. Food processor with vegetable cutting attachment
28. Fridge (Refrigerator)
29. A room with water and electricity supply

□□□

अध्याय–17

सम्बन्धित मशीन उत्पादकों की सूची

List of the Industries which Produces Jam, Jellies & other Products

1. B m foods (S.V.Majli)

Manufactures of Syrups, Squashes, Jams and Sauces.

- Business Types : Manufacturer
- Address : Kedar Vidyanagar Angol, Belgaum, Karnataka

2. Chordia Products (Ajinkya)

Manufactures of Tomato Ketchup, Sauces, Jam, Jelly, Syrups, Squashes, Chinese Sauce and Pickles.

- Business Types : Manufacturer
- Address : Parvati, Pune, Maharashtra

3. Crown Foods (Nooruddin Sevwala)

Manufactures of Confectionery Products like Custard Powders, Corn Flours, Baking Powders, Chocolates, Cocoa Powers, Icing Sugars, Milk Jelly, Ice Cream, Faluda, Salas Oil, Mustard Powder, Castor Suger and Food Products.

- Business Types : Manufacturer/ Exporters
- *Address* : 55/57 Buddhavihar Marg, Mumbai, Maharashtra

4. Esys Services and Technologies Pvt. Ltd. (N.K. Anand)

Manufactures of Mango Pulp, Guava Pulp, Banana Pulp, Tomato Paste, Fruits, Fruit Jams, Chutneys, Sauces and Pickles.

- Business Types : Manufacturer/ Exporters
- Address : B-65, Okhla Industrial Area, Phase-I, New Delhi.

5. Food Resource India (Sarneer Majli)

Manufactures of Processed Food, Jams, Sauces, Syrups, Etc.

- Business Types : Manufacturer / Exporters
- Address : Kedar Vidyanagar Angol, Belgaum, Karnataka

6. Grandmas Food Products (Vimal Kishan)

Manufactures of Pickles, Chutneys, Jams.

- Business Types : Manufacturer / Exporters
- Address : P.B. No. 31, K.P.C. Towers, Muvattupuzha, Cochin, Kerala

7. Gujarat Enterprise (Jagdish Prajapati)

Manufacturers of Bakery Raw Materials Ken Food, Coco Powder, Coconut Powder, Fruit Jam, Drinking Chocolate, Mango Pulp, Caronda, Custard Powder, Baking Powder, Crush, Fruit Crush & Natural Juice.

- Business Types : Manufacturer / Wholesale Suppliers
- Address : 55-59, Narshih House, Opp. Seamen's Hostel, Dana Bundar, Masjid Bunder (East), Mumbai, Maharashtra

8. India Foobs Shetimal Prakriya (Jay Narayan Joshi)

Manufacturers of Caned Fruits Pulp & Slices, Jams, Ketchup, Pickles, & Sauces

- Business Types : Manufacturer
- Address : Ichalkaranji, Ichalkarnaji, Maharashtra

9. Juice & Jams (Sathyaraj)

Manufactures of Jam, Juices, Mixed Fruit Jam and Grape Juice.

- Business Types : Manufacturer
- Address : Andy Gounder Street, Pollachi, Coimbatore, Tamil Nadu

10. Kafpco (Ketan Vaitee)

We are Manufacturers of Ketchups, Sauces and Jams.

- Business Types : Manufacturer
- Address : A/18 MIDC Jejuri, Pune, Maharashtra

11. Mapro (Gaurang)

Manufactures of Jams, Jellies and Squash.

- Business Types : Manufacturer
- Address : 5 Gujarat Vihar, Delhi

12. Mapa Global Trade (Trupti)

Manufactures of Processed Foods (Chutney, Ketchup, Sauces, Jams & Jelly, Puree, Mango Pulp, etc.), Dehydrated Onion & other Vegetable, Ayurvedic & Herbal Product (Cosmetic & Consumer Health Care)

- Business Types : Manufacturer/ Exporters
- Address : 10- Rajkrupa, Opp : Crossword, Near Mithak, Ahmedabad, Gujarat

13. Ms. B & M Foods (Sameer Majali)

Manufactures of Fruits, Spices, Sauces, Ketchup, Chutneys, Jams, Jellies, Preserved Syrups, Squashes and Dessert Toppings.

- Business Types : Manufacturer / Exporters
- Address : 51-163 - Matche Industrial Estate, Matche, Melgaum, Karnataka

14. Minargaa Food Processing Centre Tinsukia (Minaksi Saikia)

Manufactures of Fruit Juices, Pickles, Jams, Jellies etc.

- Business Types : Manufacturer
- Address : Sector-1 Lane-4 Bordoloi Bagar, Tinsukia Assam

15. Maagrita Exports Ltd. (Lydiachristopher)

Manufacturers of Fruit Pulp, Dehydrated Fruits & Vegetables, Pickles & Jams

- Business Types : Manufacturer
- Address : 45, Sipcot, Pallapaty, Dindigul, Tamil Nadu

16. Manpreet Agro Spices Ltd. (Manager)

Manufacturers of Fruit Jams, Ketchup, Sauces, Instant Mixes, Squashes, Pickles and Blended Masala.

- Business Types : Manufacturer
- Address : 2-4, Tirupati Ind. Estate, Off. Yeour Road, Upwan, Thane (w), Mumbai, Maharashtra

17. Mother Consumables Foods India (P) Ltd. (Neeshu Narula)

Manufacturers of Soya Products, Soya Flour, Soya Concentrate, Soya Isolate, Spices, Ketchups, Fresh Fruits & Vegetables, Papads, Pickles, Frozen Foods, Jams & Jellies and Pulses.

- Business Types : Manufacturer
- Address : 102, DSK Classique, Next to Telephone Exchange, Karve Road, Pune, Maharashtra

18. N R Distributors Pvt. Ltd. (M. Menon)

We are the Manufacturers of processed food, Eggless Mayonnise, Tomato Ketchup, Puree, Juices, Jams, Syrups, Crushes, Bar, Syrups, Pizza Sauce, Pasta Sauce, Syrups, Jams, Ketchups, Stationery Notebooks & Copier Paper.

- Business Types : Manufacturer / Exporters
- Address : Plot No. 22 Kanchanganga Society Sayli Apartment Kondhwa-dp Road Market yard Pune, Maharashtra.

19. Prathamesh Agro & Food Ind Corpn. (Praful Shirke)

Manufacturers of Food Products, Confectionery Like Toffees, Jellies and Mango Pulp.

- Business Types : Manufacturer
- Address : B/8, STE Employees Co., Opp. Hsg Soc., Ns Phadke Marg, Andheri East Mumbai, Maharashtra.

20. Prathamesh Agro & Food Ind Corpn. (Praful Shirke)

Manufacturers of Pulps, Snacks, Pickles, Jams, Juices, Fruit Slice, Chatney, Gravies, Puree*, Papad, Pastes, Syrup, Honey, Sharbats, Consentrates, Murabbas, Jelly and Ketchup.

- Business Types : Manufacturer/ Whole Sale Suppliers
- Address : 4211, Tel Mandi, Paharganj, New Delhi

21. Ruby Food Products (Srininantha Kumar)

Manufacturers of Fruit, Beverages, Crush Food, Processed Food, Squash, Sauces, Pickles, Jam and other Processed Food.

- Business Types : Manufacturer/Exporters
- Address : AS-2, Industrial Estate, K. Pudur, Madurai, Tamil Nadu.

22. Roy Fruit Products (Sanjay Tarafder)

Manufacturers of all Types of Pickel, Mango Pulp, Various Types of sauces, Ketchup, Squash, Fruit Juice, Murabba, Jam, etc.

- Business Types : Manufacturer
- Address : P55A Kalyani Industrial State, West Bengal.

23. Surya Agro Products (Ravindra)

Manufacturers of Fruit Jelly Confectionery, Fruit Jelly Sweets, Fruit Jelly Slice, Fruit Jelly Ice Cubes, Fruit Jelly Ice Cream Cubes, Aam Papad, Mixed Fruit Jam and Jelly Candies.

- Business Types : Manufacturer
- Address : Prabhat Colony Plot No.1, Jalgaon, Maharashtra

24. Tata Natural Foods Processing Pvt. Ltd. (Sirajali Gilani)

Manufacturers of Fruit Juices, Jams, Jellies, Marmalades, Chutneys, Sauces etç.

- Business Types : Manufacturer

25. Jawadhi Tribal Development Women Society (Paulraj)

Manufacturers of pickles, Banana flower pickles, Mahali tuber pickles, Kalakai pickles, Garlic pickles, Garlic with ginger pickles, Cut mango pickles, Mango thokku pickles, Jam, Amla jam, Woodapple jam gelly. Guava gelly, Tamarind instant paste, Honey, Jack fruit chips. All products are from Virgin Forest of Jawadhi Hills, made by tribal SHGs, its pure, tasty and healthy come and see.

- Business Types : Manufacturer
- Address : Jamunamarathur, Jawadhi Hills, Thiruvannamalai, Tamil Nadu.

❑❑❑

Machinery

Fruit Processing Machinery

- Products
- Description
- Supplier Information

Mango Pulper Machine

We offer export quality pulper for fruits like mango. We use superior quality raw material for the production of three pulper. In addition to the customization, these are also avialable in following capacity.

- Capacity : 500 kg to 2 tons per/hr
- Easy to install
- User friendly
- Economical

Honey Combb Products

Papaiya Tuity Fruity & Agro Machinery

We have with us a range of papaiya tuity fruity machinery, which is widely used in varied applications of food industry. Our range is manufactured from optimum grade stainless steel and galvanized iron, that are procured from the reliable sources of the market. Standard compliant, these are highly acknowledged for faster & effective operation, low power consumption and minimum maintenance.

R.M. Engineering Works, Mumbai

Fruit Crushing Mill

General: The machine runs continuous on high speed rotary blades for crushing all types of fruits like pineapple, tomato etc. The machine is driven by electric motor and had saw teeth edge chamber. Capacity: The machine is available in 200 Kg/hr capacity, more.

Fans Bro Erectors

Mango Pulp Machine

Machine is highly efficient & made of stainless steel. Works by single phase electric motor.

Tinytech Plants

Hot Water Dip For Mango

Our range comprises of hot water dip for mango that are made using top quality plastic and metal grade material. Its tank and conveyer are made out of SS304 as well as its four heaters of 2KV Size 4000X1100X1000. Its conveyer system carries fruits under water which is heated in a set controlled temperature using heater. The speed of our conveyer is set in desired temperature in order to make sure that fruits remain under water for five minutes. The electric power usage of our machine is 1 HP.

Lele Chemiequip Private Limited

Fruit Pulper

Work on the principle on the pulpy fruits in between grinding elements and serrated liners. Designed and manufactured with accuracy and precision. Pulper is compact stable easy to operate easy to clean and versatile machine.

Applications: For pulping of many of the fruits and vegetables to make course pulp or fine pulp.

Capacity: different capacity machines are available and are also manufactured as per customer requirement. Generally 50kg to 1000kg per hour.

Able Manufacturers

Fruit Processing Equipment

Sunman is committed to provide the customer with the quality plant and equipment capable of handling fruits and vegetable processing, suitable for small and medium industrial units.

Our range of supply comprises of fresh fruit washing, grading, sorting, and juice extraction, pasteurization, bottling and packaging equipment.

Sunman Engineers India

Fruit Juice Processing Plant

We are proficient in designing and supplying different juice processing lines for all kinds of fruits such as apple, mango, orange, papaya, grape and pineapple. These processing lines are provided on a turnkey basis with a series of machines for hygienic extraction and packaging of pure juice. The juice can be filled in PET plastic bottles by means of a hot filling system and then placed in cartons for bulk packing.

We also supply the equipment with aseptic bag packing, followed by iron drums for transportation for concentrated juices, more...

Jwala Engineering Company

Amla Processing Unit

We are engaged in offering Amla processing equipments for manufacturing Amla Juice, Amla Candy, Amla Supari, Amla Murabba, Amla Cosmetics and Amla powder. Our Amla processing machinery is designed to process 50kg to 1000kg of amla processing per hour. The equipment line for amla processing unit includes of: more...

Sanjivani Phytopharma Pvt. Ltd.

Pulper

We manufacturer pulpers , which are highly effective in extracting pulp from fruits and vegetables. Keeping the concept of health in mind, our machines are installed in a completely safe and hygienic surroundings. With a capacity of 2 tons/hr, they are widely demanded in the food and pulp extracting industry.

MacLean Equipments

Boiled Amla Breaking Machine

Capacity : 200 kg/Hr. Motor : 1.0 HP

All Contact Parts & Cover will be in S.S.304, Stand will be in M.S. more...

Best Engineering Technologies

Fruit Crushing Machine

We are engaged in manufacturing a quality range of Fruit Crushing Machine that is in high demand in the competitive market. The machine is mounted on a heavy duty mild steel stand, which is equipped with motor and starter. It works by feeding the material into the stainless steel hooper which feeds the products into the crushing drum. Stationery blades and rotary beater are helpful in crushing the loaded product, more...

Indian Scientific Instruments Corporation

Fruit Waxing / Brightening Machine

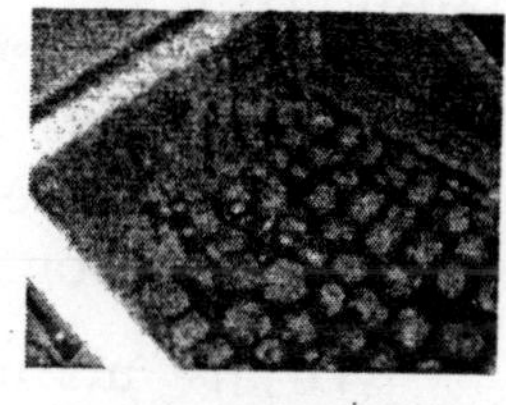

Keeping ourselves abreast with cutting edge technology, we offer high standard fruit waxing and brightening machines, which come in sturdy configuration to offer the clients long lasting services without causing any type of trouble. Known for their excellent durability and functionality, these brightening machines are perfect for waxing and brightening following types of fruits:

- Apple
- Citrus
- Navel orange
- Honey pomelo etc. more...

Transmax Engineering Industries

Paste Making Machine

Paste making machine is specially designed for making paste of chilli/ginger/garlic. It can also be used for other spices by changing the mesh fitted inside the machine. The paste doesn't lose its natural properties such as the flavor and its nutrient value. All the contact parts of the machine is made of SS-304.

Packaging Solution

Food Processing Machinery

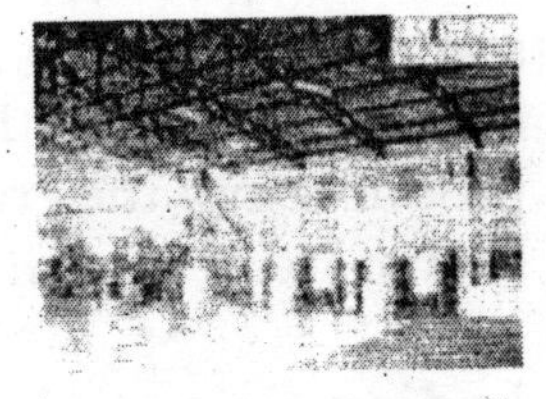

We are manufacturer and Exporter of food processing machinery. We are engaged in undertaking turnkey projects for processing machinery. These include turnkey projects for Mango processing plant, Fruit processing plant, Tomato processing plant, Pineapple processing plant, Guava processing **Equipment**, Lime processing Equipment, Amla Processing Equipment and others. In order to provide complete satisfaction to the clients, we design, develop, implement and maintain every aspect of the project. Further, we also assure our clients timely completion of the projects.

We are manufacturer & exporter of the following equipments.

1. Fruit Washer
2. Fruit Inspection Conveyor
3. Bucket Elevator
4. Fruit Mill
5. Fruit Pulper
6. Pasteurisation

7. Vacuum Pan
8. Hot Break System
9. Pineapple Processing Equipment
10. Orange Juice Extractor
11. Fruit Juice Extracting Machine
12. Pulp, Juice & Ketchup, Jam Packaging Machine
13. more...

Shiva Engineers, Pune

Juice Pasteurizer

Our range of juice pasteurizer are designed and developed for small to medium-sized juice producers to provide a safer product that helps in extracting juice without losing fresh-squeezed flavor and appearance.

Features:

- Based on HTST design for dairy operations
- Automatic diversion of under-temperature product back to balance tank
- Available with flow monitoring
- Level control prevents system pumps from running dry
- Easy to install

IDMC Limited, Anand

Multi -Effect Vacuum Concentrator

Multi-effect vacuum evaporators find wide application in concentration of fruit/vegetable juices to produce juice concentrates /tomato puree, paste etc.

The concentration is done at low temperatures to preserve natural colour / aroma / nutrition content. It is equipped with aroma recovery and on-line sugar concentration detection system. Thus enhancing the consistency and quality of the final products.

Equipment type and Configuration

- Double, Triple and multi effect
- Configuration : Falling film, Rising and forced circulations
- Attachments : Aroma Recovery/on-line sugar concentration detector / CIP
- Range : Fruit juice concentrates, tomato puree/ paste, milk
- Concentration : 32%-71%
- Evaporation Capacity : 600 kg/hr- 10,000 kg/hr more...

Bajaj Process Pack Machines Private Limited

View Catalog

Contact Now

Pulper

We have with us a range pulper that is used in fruit pulping plants and is suitable for pulping fruits like mango, guava, tomato, papaya, amla *etc.* Manufactured using advanced technology, these equipment are high on performance, durable and resistant to corrosion. Available in different specifications, our range is also customized as per the requirements of clients, more...

Jwala Engineering Company

Mini Pulper

Our range of mini pulpers are widely used to extract pulps and juices from different fruits and vegetables. We offer these mini pulpers in different working specifications that depends upon the types and sizes of the fruits and vegetables.

Shiva Engineers, Pune

Fruit Pulper

Purpose : This machine is useful to make pulp of Mango, Emblic Mryo baian, Tamarind Fruit, Clustard Apples, Dark Purple Fruits, Chiku fruits.

Main Body (available in brush type or canvas screw type model) in Stainless Steel and Stand in M.S.

Capacity from 125 Kg / Hr to any capacity, more...

Best Engineering Technologies

Mango Pulp Machine

Tinytech Plants

Shrikhand Making Machine

Backed by sophisticated infrastructure, we manufacture superior grade shrikhand making machines. The metal used in these machines is of high quality and coated to resit the corrosion & yield our range long working life. Our machines are reckoned for high speed and fast production. We lay emphasis on their packaging to prevent them from any damage during the transportation.

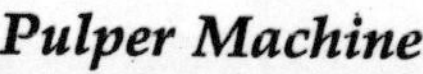

Pulper Machine

Mounted on a heavy duty mild steel stand, our range of Pulper Machine is manufactured using S.S. -304 grade stainless steel. The central pulping unit of the machine comprises a pair of brush fixed on stainless steel shaft and one stainless steel sieve. To suit different types, sizes and qualities of the fruits and vegetables to be pulped, we offer these machines with the adjustable gap between the sieve and the brush. Features: more...

Fruit Washer

We offer our clients a wide arrange of fruit washers that are made using superior quality raw material. Available in various specifications, these fruit washers are designed to utmost detail by our team of creative professionals. Offered at competitive prices, these are available in customized specifications as well. Some of its unique features area as follows: more...

Padmatech Engineering Systems

Fruit Processing

Recently efforts have been made by the Central and the State Government to promote agro based industries to protect our rural economy. Special efforts have been made by the agriculture and food processing ministry and hence the seasonal tropical fruits are getting processed and marketed as value added products like pulp, juice etc., and packed in cans and aseptic bags.

Fruit processing plants mainly consist of more...

Repute Engineers Private Limited

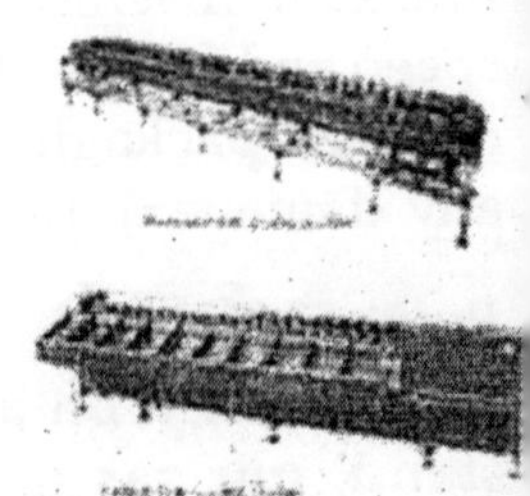

Fruit Grading Machine

We manufacture and supply fruit grading machines

Horizontal Fruit Grading Machine

Features: more ...

Nexgen Drying Systems Pvt. Ltd.

Banana Slicer

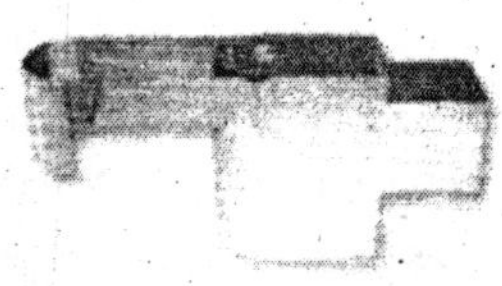

Apart from namkeens and potato chips we are constantly improving our range in the other mostly Indian snacks, further innovations in this field are in paani poori, samosa, petis etc., processing plants. Our banana slicer machines are fabricated from superior quality metal to gain utmost durability and smooth functioning. Use of state of the art technology, popularize these banana slicing machines amongst our valued customers all over the world.

Dynamech Engineers

Fruit Mill Crusher

We are the leading manufacturer and have in store for our clients a wide variety of fruit mill crusher enabled with sturdy fixture mounted on MS steel band. The product is used for crushing hard seedless fruits, pulping or juice extraction. The machine is fed into a hopper which is then crushed by SS rotor against the SS blades. Driven by a powerful 3HP motor, all the parts of the Fruit Mill Crusher are made up of stainless steel. Other specification of this product consists of: Available in following models and capacity: more...

Tharamal Exports

Pulp Finisher & Sesamum Washer

We offer exports Quality all Capacity Pulp Finisher, Sesamum Washing & Polish Machine by procuring superior grade of stainless steel from reliable vendors. We also manufacture products as per customers specification along with customized products.

Sanjivan Industries, Mumbai

Fruit Ripening Machine

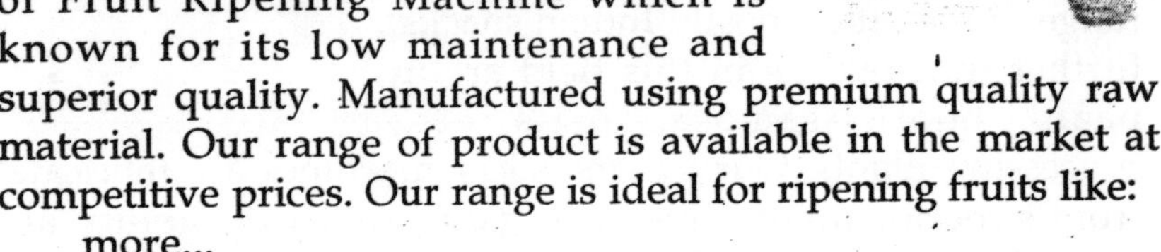

We provide a comprehensive range of Fruit Ripening Machine which is known for its low maintenance and superior quality. Manufactured using premium quality raw material. Our range of product is available in the market at competitive prices. Our range is ideal for ripening fruits like: more...

SSP Pvt Limited

Pre Processing Equipment

To avoid contamination in fruits, vegetables and pulps which are kept in frozen condition the following preprocessing equipment are mandatory requirements. Our range of pre processing equipment for frozen fruits & vegetable consist of:

- Rotary Washer
- Sorting Grading Conveyor
- Blanching Unit
- Fruit Crusher
- Twin Pulper
- Pulp Pasteurizer more ...

Suan Scientific Instruments & Equipments

Fruit Ripening

Our fruit ripening solutions follow the best practices in the world and drastically save time for you. Our extensive knowledge and expertise in the field of fruit ripening ensure that you get high-quality and tasty ripe fruits. This in turn helps you get these fruits to the market before others. Manufactured using premium quality raw material. Our range of product is available in the market at competitive prices. Our range is ideal for ripening fruits like: more...

Mango De Stoner

We offer mango de stoner that is made with precision and attention to each and every detail so that the best can easily be supplied to the client. Our range of mango de stoner can be customized according to the technical details furnished by the client. We also offer these at competitive prices. Some of its unique features are as follows: more ...

Mech-Air Industries

Slicer Dicer Machine

Specification : These slicer dicer machines includes various machines such as papaya slicing and cubing machine with cubing roller size 10"x 8" Stainless Steel with Wooden rubber set attached. All food contact parts in these slicer machines are made up of stainless steel (304).

Features: more...

Mech-Air Industries

Fruit And Vegetable Pulper

We are the leading manufacturer of fruit & vegetable pulper to our clients. These fruit and vegetable pulper are used for the extraction of pulp from vegetables and fruits like mango, litchi, guava, pear, tomato, passion fruit, grape and so on. The working capacity of these machines depend upon the size, type and quality of the product to be pulped. Our range of fruit & vegetable pulper machines are available from 80 kg/hr to 3 t/hr capacity are also found in the following capacities: more...

Prakash Engineering Works

Double Jacket Kettle

Manufacturer and exporter of Double Jacket Kettle more...

Tharamal Exports

Pulp Boiling Kettle & Pan

We offer a comprehensive range of precision engineered pulp boiling kettles and pans. These are made using high grade components and provide hassle free performance. Our range of pulp boiling kettles and pans are user friendly and have refined finishing. We also provide them at competitive pricing in standard as well as customized specifications.

Sanjivan Industries, Mumbai

Mango Pulp Processing Plant

Mango Pulp Processing Plant

Twin Pulper

Boiler

Steam Jacketed Kettle

Mixing Tank more...

Padmatech Engineering Systems

Raw Mango Cutting Machine

Specification : It is a raw mango cutting machine indigenously manufactured. It is proven & only solution. A maintenance free unit. Very less 'Churra'. Maximum square pieces. Build in conveyors at in-put end & output end. Compact in size & easy for working. 70% saving of man power Long life SS Cutting blades.

Features : more...

Varada Engineers

Customised Cold Chain Solutions

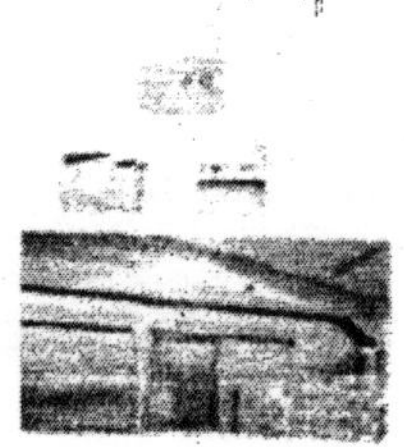

Continuous technology upgrades allow us to offer the most sophisticated and advanced solutions in cold chain systems. All aspects of design, engineering, manufacture, supply, erection, commissioning and training are carried out in-house, making the company a one-stop window for any cold storage system requirements.

Applicaions of Modular Cold Rooms

Horticulture

Flowers require specific temperature ranges, humidity levels, correct airflow speed & direction, and appropriate handling methods for preservation. We design storage rooms keeping these parameters in mind and ensure an increase in their vase life.

Pharma

The critical nature of these products requires minute evaluation & analysis. Our processes and techniques ensure that heat-sensitive biological products such as vaccines, sera and antibiotics do not deteriorate in transit.

Hotels

The hospitality sector needs preservation rooms with different dynamics more..

Varada Engineers

Kettle Plants

We manufacture and export a wide range of Kettle Plants that serves an effective purpose in the food processing industry. This machine is used for the heating of pulp and juice of fruits and vegetables to a desired temperature, which results in removal of excess water from the fruit pulps. The heating is achieved by steam or heating thermal fluid oil by means of electric heaters. We offer these Kettle in different capacities so as to cater to the different demands of our valued clients. more...

Raman Industries

Pulper

We offer a wide variety of pulpers, which can be used to extract pulps from most fruits and vegetables. The working of the machines depends upon type, size and quality of the product to be pulped. Our range has following machines : more...

Raman Industries

Pasteurizer

Manufacturer and exporters of Pasteurizer machines

more...

❑❑❑

इन्डेक्स

□□□